LE CHATEAU

DE LA

ROCHE-RACAN

PAR

Ch. DE SOURDEVAL

Chevalier de la Légion d'honneur, Président honoraire de
la Société d'Agriculture, Sciences, Arts et Belles-
Lettres d'Indre-et-Loire, Officier de l'Instruction
publique, et correspondant du Ministère
pour les travaux historiques.

TOURS

IMPRIMERIE LADEVÈZE.

1865.

CHATEAU DE LA ROCHE-RACAN

Bâti par le poëte Racan en 1633.

Appartenant à M. HULT.

LE CHATEAU DE LA ROCHE-RACAN

Par M. Ch. de SOURDEVAL.

La Touraine entière appartient au bassin de la Loire ; cependant, vers le nord, une arête peu sensible du sol déverse les eaux en dehors du périmétre et les conduit dans le Loir, limpide rivière qui va se jeter dans la Sarthe . et passe, avec celle-ci, dans la Mayenne pour venir se réunir au fleuve médian, à deux lieues au-dessous d'Angers. Les affluents du Loir forment, aux confins de la Touraine, les vallées les plus verdoyantes, les sites les plus gracieux de ce pays renommé. Les petites rivières de Dème, Vandenne, Écotais, la Fare, tracent chacune un sillon, ou plutôt vingt sillons ravissants , si l'on tient compte de leurs affluents , avant d'aller tomber dans le Loir qui leur présente les délicieux coteaux de sa rive opposée, depuis Montoire jusqu'à la Flèche. La petite rivière qui se jette dans le Loir à Dissay-sous-Courcillon est l'une des des plus pittoresques ; elle est formée par la réunion de la Vandenne, de l'Écotais et du Gravot. La Vandenne arrose les territoires de Neuvy , Bueil et Villebourg , l'Écotais sillonne les communes de St-Paterne et St-Christophe ; enfin le Gravot. qui n'a guère que quatre kilomètres, se recommande par une curiosité naturelle. Sorti d'une source abondante, dans une vallée au midi de Saint-Paterne, il fait aussitôt tourner un moulin ; puis il disparait en plongeant ses eaux sous terre, au pied du coteau qui borde la vallée Il suit le flanc du rocher ;

car une entaille, faite très-anciennement à deux cents mètres
au-dessous de la perte, permet de le voir couler dans une
anfractuosité qui fut disposée de main d'homme pour recevoir
un moulin dont on reconnaît encore les appuis et les points
d'attache. A un kilomètre plus bas, le ruisseau reparaît, en
sortant par une belle fontaine, non au fond de la vallée,
mais à mi-côte, au flanc du coteau : une chaussée d'endigue-
ment l'empêche de se précipiter en bas et amène ses eaux,
par une pente douce, sous la roue d'un moulin. De là il traverse les jardins du Breuil, où il fut canalisé en parallélogramme pendant le xviie siècle, et le parc du château
d'Haudebert, où ses eaux s'arrondissent artificiellement en un
lac gracieux, avant d'aller se mêler à celle de l'Écotais, près la
gare du chemin de fer, à St-Paterne. Entre le Breuil et Haudebert, le Gravot a reçu les sources abondantes qui arrosent
les prairies et traversent les étangs de l'ancienne abbaye de
la Clarté-Dieu. Parmi ces sources, il en est une ferrugineuse,
dont les parois sont tapissées par la *Marchansia polymorpha*,
singulière plante, dont les feuilles, habituellement trapézo-
ïdes, sont susceptibles de s'allonger et de se ramifier quand
elles trouvent à se développer sur les parois humectées d'un
rocher. Un effet magnifique de cette végétation se fait remarquer à la fontaine de la Gilardière en Vendée (1), où elle offre
un tapis d'émeraudes ; tandis qu'à la Clarté, la ramification
des feuilles est à peine indiquée, et, dans la plupart des autres
lieux, la feuille de la marchansia est modestement renfermée
dans son trapèze.

La principale source de l'Écotais, au bord duquel nous allons
nous asseoir aujourd'hui, est dans la commune de Neuillé, au-

(1) Commune de la Chapelle-Hermier, arrondissement des Sables. L'eau
de cette fontaine ferrugineuse suinte des parois d'un rocher vertical, et
s'écoule le long des feuilles de la Marchansia, qui, sous l'effet de cet arro-
sement perpétuel se développent en lames d'un mètre de long, s'embriquant
les unes sur les autres, et produisant un effet magique par la vivacité des
couleurs et la fraîcheur de toute la scène.

dessus de l'ancien étang d'Armilly , dont le ruisseau traverse le sol maintenant en culture. Il serpente sur le plateau avant de se creuser une vallée ; puis , quand celle-ci s'approfondit et se dessine entre de gracieuses collines, le chemin de fer, qui s'y range , amène le voyageur au pied d'un élégant pavillon qui, bâti sur une plate-forme, à mi-côte du rocher, indique tout d'abord, par son style, l'époque de Louis XIII. Ce château est celui du poëte Racan. C'est là, c'est-à-dire dans l'emplacement de la construction aujourd'hui sur pied, que naquit l'auteur des *Bergeries;* cette construction a été élevée par lui; il y a passé la dernière moitié de sa vie, et, selon le témoignage commun, il y a terminé son existence. A celui qui contemple ce noble manoir, les réflexions se présentent en foule. Là naquit et vécut un homme issu de haute lignée, qui n'a pas trouvé sa gloire dans les armes comme ses ancêtres, quoiqu'il les ait portées lui-même en plusieurs campagnes; ni la cour, ni les combats n'ont fondé sa fortune ou créé sa renommée; il chercha dans la poésie le succès qu'il ne trouvait pas dans le brillant et jaloux milieu où se passait son existence : il ramena sa pensée et sa muse vers le berceau de sa vie, et il y trouva une gloire immortelle. Pendant quinze ans , de Malherbe à Corneille, Racan tint le sceptre de la poésie française.

Racan, comme on le sait, appartenait à la maison de Bueil, qui dès le XIIe siècle apparaît en Touraine avec le nom d'un fief de cette province, représenté aujourd'hui par une commune à l'extrémité septentrionale du département. Ce nom est resté constamment celui de la tige de la famille de Bueil, tandis que les branches se sont parées tour à tour ou simultanément de noms d'autres fiefs importants, soit à l'intérieur de la Touraine, comme Neuvy-Roi, Saint-Cristophe, Montrésor, l'Ile-Bouchard, Marmande, Faye-la-Vineuse, la Motte-Souzay; soit au dehors de la province, comme Fontaine-Guérin, Brion et le Vieux-Baugé en Anjou, avec Châteaux (Châteaux-la-Vallière), Vaujour et Courcelles, alors dans la même province ; Valène et Courcillon, au Maine, Marans, en Aunis, enfin le comté de Sancerre, en Berry, apporté à la branche de Montrésor par le mariage de Jean IV de Bueil avec Marguerite, fille de Béraud II, dauphin d'Auvergne, comte de Clermont, et baron de Marmande, et de Marguerite de Sancerre, héritière de ce dernier nom, formé par une branche des comtes de Champagne, et illustré par Louis II, de Sancerre, maréchal et connétable de France, oncle de Marguerite. Jean IV inaugura ce glorieux héritage par une mort héroïque à Azincourt, où il remplissait la charge de grand-maître des arbalétriers, laquelle est devenue celle de grand-maître de l'artillerie. Son fils Jean V, comte de Sancerre, prit une part active à l'expulsion des Anglais sous le règne de Charles VII. Il fut récompensé de sa valeur par la charge d'amiral de France, en remplacement de Prégent de Coëtivy, tué au siége de Cherbourg, en 1450.

« A une demi-lieue de Villebourg, écrivait, en 1660, le moine Martin Marteau, est le célèbre et noble bourg de Bueil, qui porte le nom des très-illustres comtes de Sancerre et de Marans, qui y ont fait autrefois bastir une très-belle église collégiale où ils ont marqué leurs sépultures. Proche de Bueil, est une maison des dits comtes, mais il n'y séjournent point, faisant leur demeure ordinaire au chasteau de Valjoyeux, dit Vaujour, à quatre lieues de là, pour avoir le plaisir de la chasse dans une grande et belle forest qui entoure le dit chasteau (1). »

Pierre de Bueil, seigneur de la Motte-Sonzay, frère puiné de Jean de Bueil, dit l'amiral de Sancerre, est l'auteur de la branche d'où sortit notre poëte. Son fils Jacques de Bueil, seigneur de la Motte-Sonzay, épousa, en 1458, Louise de Fontaine qui donna son nom à la branche. (Fontaine-Guérin, entre Baugé et Beaufort, en Anjou).

(1) *Le Paradis délicieux de la Touraine*, par Martin Marteau, carme déchaussé, Tours, 1661.

De ce mariage naquit Georges de Bueil, seigneur de Fontaine, du Bois, de la Roche-au-Moyen et de Crassai. Il se maria deux fois : 1° à Françoise des Touches ; 2° à Marguerite de Broc ; cette dernière union donna le jour à Jean de Bueil, seignenr de Fontaine, époux de Françoise de Montalais-Fromentières, par contrat du 3 mars 1535.

Cette union produisit plusieurs enfants parmi lesquels nous nommerons Honorat, Louis, Louise et Jeanne.

1° Honorat, conseiller d'état, vice-amiral et lieutenant pour le roi en Bretagne, capitaine de cinquante hommes d'armes de ses ordonnances, gouverneur de Saint-Malo, fait chevalier du St-Esprit par Henri III, le 31 décembre 1583, fut tué à St-Malo, lorsque la ville se déclara pour la Ligue, le 14 mars 1590.

Il avait épousé Anne de Bueil, fille de Louis de Bueil, comte de Sancerre, dont il eut François et Honorat, morts jeunes, et Anne, mariée, en 1594, à Roger de Saint-Lary, duc de Bellegarde, pair et grand écuyer de France, morte sans laisser d'enfants.

2° Louis, seigneur de Racan, conseiller d'État, capitaine de cinquante hommes d'armes, gouverneur du Croisic, maréchal de camp, chevalier de l'ordre du St-Esprit. Il avait accompagné Henri IV dans toutes ses guerres, et exercé la charge de grand maître de l'artillerie au siége d'Amiens en 1597. Il fit partage avec son frère aîné, en 1574, et épousa en 1588, Marguerite de Vendômois. Le poëte Racan naquit de ce mariage, l'année suivante.

3° Louise, abbesse de Bonlieu, paroisse de Dissay.

4° Anne, mariée à Jean d'Acigné, comte de Grandbois et de la Roche-Jagu.

Notre poëte naquit donc de Louis de Bueil et de Marguerite de Vendômois, comme nous venons de le dire ; son acte de baptême, inscrit sur les registres de St-Paterne, est ainsi conçu :

« Le cinquiesme jour de feburier 1589, nasquit le filz de noble homme Loys de Bueil, chevalier de l'ordre du roy, capitaine de cinquante hommes d'armes, et seigneur de Racan, et fut baptisé par le curé d'Aubigné, nommé Honorat par Cosme, fils de feu Jean Royer, de Saint-Pater, et par Julian Boussard, de Vas. »

En cet acte laconique, la mère de l'enfant n'est pas nommée ; il y a deux parrains et pas de marraine ; le curé d'Aubigné est celui d'une paroisse à quatre lieues de là, sur la route du Mans ; enfin l'acte ne porte aucune signature.

Louis de Bueil est le premier de sa famille qui ait pris le nom de Racan ; ce nom était celui d'un fief, consistant en un moulin et une petite ferme dans la commune de Neuvy-Roi, que, selon Tallemant des Réaux, Louis de Bueil aurait acheté le jour même de la naissance de Racan, et imposé aussitôt à son fils. Mais des Réaux se livre ici à l'un de ses cancans habituels, car un poëte de Tours, nommé Victor Bouchet, dédia, dès 1587, un poëme imprimé à Tours, à M. de Racan, chevalier de l'ordre du roi et capitaine de cinquante hommes d'armes, en un mot à Louis de Bueil, père de Racan (1). Louis de Bueil avait pris ce nom parce qu'il était cadet d'une branche qui elle-même était cadette.

Le 6 juin 1596, eut lieu à St-Paterne la bénédiction de deux cloches, dont la première fut nommée Louise, par François de Castelnau, curé de St-Règle, par Louis de Beuil, chevalier de l'ordre du roi, seigneur de Racan, et par Marguerite de Vendosmois, sa femme ; la seconde fut nommée Marie par noble fils Honorat de Bueil, page de la Chambre, et par damoiselle Françoise de Castelnau, femme de M. de la Fosse-saint-Aubin, et par damoiselle de Castelnau, femme de Messire de la Vallée. Nous mentionnons cet acte, parce qu'il met en scène le père, la mère et l'enfant avec une famille célèbre du voisinage.

Louis de Bueil, après la naissance de son fils, suivit

____

(1) Chalmel, t. IV, p. 44.

Henri IV dans ses campagnes ; mais, comme le trésor public était habituellement vide, il y compromit toute sa fortune, qui ne devait pas être considérable, puisqu'elle était celle d'un cadet. Il mourut presque insolvable, ainsi que nous l'apprend une lettre de Henri IV, publiée dans la collection de M. Berger de Xivrey d'après l'original autographe qui se trouve à la bibliothèque de St-Pétersbourg.

17 septembre 1605.

A Monsieur de Bellièvre, chancelier de France.

Monsieur le chancelier, je n'ai pas moins esté meu de pitié que d'équité, à accorder à M. le Grand (1) le respit de deux ans dont il m'a supplié avec grande instance pour le jeune Racan, cousin de sa femme, et duquel il est tuteur. Car, outre que le père de ce jeune gentilhomme est mort à mon service, après m'avoir assisté en ces dernières guerres, et que je sçay la plus grande partie de ses debtes procéder à cause de mon dit service, la perte de ses père et mère, en bas âge où il se retrouve, me convie à contribuer à ce remède à la manutention de sa personne et maison ; et puis, je désire conforter le fils en l'inclination qu'il a d'imiter et se rendre digne de continuer les services de son père, dont la mémoire m'est très-fresche et recommandée. Je vous prie donc ne différer de lui dépescher le dit respit pour ce temps-là, et vous ferés chose qui me sera très-agréable. Adieu, Monsieur le chancellier. Ce xvii septembre à Saint-Germain-en-Laye.

HENRY. »

Nous ignorons quel fut le bénéfice de ce *respit* qui retardait de deux ans les poursuites des créanciers, la saisie et la vente des biens, mais qui ne payait guère les dettes. Racan était alors page du roi, et placé sous la tutelle et protection

(1) Le duc de Bellegarde, Grand Écuyer de France.

du duc de Bellegarde, qui paraît ne lui avoir jamais manqué, non plus que la bienveillance de la duchesse, sa cousine germaine. Ces circonstances diverses ont dû l'aider à se soutenir à la cour, d'autant plus que ses goûts n'étaient pas somptueux. Mal fait de corps et disgracieux en ses mouvements, il n'essayait pas de lutter contre ce désavantage naturel, et il s'abandonnait à une gaucherie et une négligence de tenue qui lui faisaient jouer un triste rôle parmi les courtisans; il vécut comme à l'écart au milieu des splendeurs, et il paraît qu'il ne s'épargnait pas les privations, car on voit en l'une des lettres publiées par son dernier éditeur, M. Tenant de la Tour (1), à quelle triste condition de logement et de nourriture il se résignait. Il est vraisemblable que ce fut cette disgrâce de la nature et de la fortune, cet ostracisme forcé ou volontaire à travers l'éclat de la cour, qui excita en lui le sentiment de chercher ailleurs sa satisfaction et de prendre sa revanche contre l'humiliation. Du Guesclin, pour prendre la sienne contre la laideur de son visage, s'était fait héros; Racan, qui n'avait pas la solidité physique de l'immortel breton, sonda sa force intellectuelle et se fit poëte. En cette même année 1605, Henri IV, sollicité de divers côtés d'appeler à la cour le poëte Malherbe, le plus célèbre du temps, se détermina à le faire venir de la Provence où il résidait alors. Or, comme malgré les économies de Sully, le trésor royal n'était pas encore parfaitement à jour, on imagina de placer le poëte, comme par billet de logement, chez le duc de Bellegarde qui, en sa qualité de grand-écuyer de France, pouvait sans trop d'inconvénient l'ajouter au personnel de sa maison. Malherbe, qui sans doute n'était pas un écuyer de premier force, reçut, pour raffermir sa contenance, le titre de gentilhomme ordinaire de la Chambre. Racan passait une partie de son temps

(1) L'édition publiée par M. Tenant de la Tour en 2 vol. in-12, fait partie de la bibliothèque elzévirienne de M. Jannet, Paris, 1856. Elle contient une bonne notice sur Racan, et des documents inédits fournis par M. Taschereau.

dans l'hôtel du duc, et il fut frappé, en écoutant Malherbe, de cette manière d'obtenir du succès et de s'acquérir de la gloire en dehors du faux brillant de la cour. Son isolement moral le disposait au recueillement, et le recueillement était un champ tout préparé pour recevoir les émotions de l'âme et les semences de la poésie. Entré aux pages dès l'enfance, il n'avait guère fait d'études ; lui-même, sentant son infériorité à cet égard, aimait mieux dissimuler le peu qu'il savait que d'en avouer la médiocrité. Il a toujours prétendu qu'il ignorait le latin, il excluait soigneusement de sa bibliothèque les textes de cette langue. Mais l'abbé de Marolles, qui fut lié avec lui, atteste qu'il entendait suffisamment ses auteurs pour en sentir les beautés, et, en effet, nous ne pouvons nous expliquer autrement nombre de passages de ses poésies où les inspirations d'Horace et de Virgile sont reproduites avec tant de délicatesse.

Les poésies écrites et surtout déclamées par Malherbe lui-même firent donc sur lui une profonde impression. En son âme fermenta le besoin de reproduire cette harmonie. Il n'avait alors que seize ans ; ses premiers essais, présentés à Malherbe, attirèrent l'attention du maître qui les corrigea et en expliqua le fort et le faible. Le vieux poëte, qui précédait son élève de trente-quatre ans, et avait, par conséquent, alors cinquante ans, apprécia l'harmonie et la verve de Racan, mais il ne cessa jusqu'a la fin de lui reprocher ces rimes trop faciles et négligées dont il ne sut jamais se défaire.

La guerre, qui avait été la carrière glorieuse de tant de ses ancêtres, ne lui offrit aussi que des déceptions. Sa première campagne fut celle de 1621 qui s'ouvrit par le siége et la prise de St-Jean-d'Angely et se termina par le siége infructueux de Montauban. Racan était âgé de trente-deux ans au moment de ce nouvel apprentissage. « J'étois alors en un âge trop avancé, écrivit-il plus tard dans une lettre collective adressée à Ménage, Chapelain et Conrart, pour n'estre que simple soldat, et avois trop peu d'expérience pour estre capitaine et

pour parvenir à des charges dignes de ma naissance. La
guerre demande une présence d'esprit et une parole aisée
pour les commandements, et un corps robuste et infatigable
pour l'exécution, qui sont des qualités qui ne sont point en
moi. La moitié de mon âge, que j'avois passée dans le repos,
ne me permettait pas de changer ma façon de vivre pour m'ac-
coutumer à la fatigue des armées; j'estois d'une assez bonne
constitution, mais qui avoit besoin d'estre choyée. Je n'ai pas
laissé de passer la plus belle saison de ma vie dans les guerres
de Louis-le-Juste.

> Je l'ai suivi dans les combats ;
> J'ai vu foudroyer les rebelles ,
> J'ai vu tomber leurs citadelles
> Sous la pesanteur de son bras ;
> J'ai vu tomber les avenues
> Des Alpes qui percent les nues ;
> Et leurs sommets impérieux
> S'humilier devant la foudre
> De qui l'éclat victorieux
> Avoit mis La Rochelle en poudre. »

D'après cela, il a dû faire les campagnes de 1621, 1622, con-
duites par le roi en personne, contre les protestants : il a
assisté au siége de la Rochelle en 1628; enfin la campagne
faite à travers les Alpes, après le siége de la Rochelle, est
celle de Savoie et Piémont, terminée par la prise de Suse et
Casal, en 1629.

Mais tous ses périls et ses exploits se sont passés dans
l'ombre; car aucun rapport, aucune chronique ne parle de
lui; il s'est exposé avec l'obscurité du dernier soldat, et c'est
à peine si, en étudiant avec soin les circonstances de sa vie, on
parvient à découvrir, à entrevoir qu'il a fait ces campagnes
laborieuses.

Il nous a laissé de sa vie militaire une boutade poétique
sur la vie de bivouac, qui n'est pas loin de soutenir le paral-

lèle avec la pièce écrite par Voltaire, en pareille occasion, du camp devant Philipsbourg.

> C'est ici que l'on dort sans lit
> Et qu'on prend ses repas par terre, etc.

Écoutons Racan :

> Notre hôte, avec ses serviteurs,
> Nous croyant des réformateurs,
> S'enfuit au travers de la crote
> Emportant, ployés sous son bras,
> Son pot, son chaudron et ses dras,
> Et ses enfants dans une hote.
>
> Ainsi, plus niais qu'un oison,
> Je me vois dans une maison
> Sans y voir ni valet ni maître.
> Et ce spectacle de malheurs
> Pour faire la nique aux voleurs,
> N'a plus ni porte ni fenestre.
>
> D'autant que l'orage est si fort,
> Qu'on voit les navires du port
> Sauter comme un chat que l'on berne ;
> Pour sauver la lampe du vent
> Mon valet a fait en resvant
> D'un couvre-chef une lanterne.

Cette dernière strophe semble indiquer pour date à cette pièce le siége de Royan, qui eut lieu en mai 1622.

La pastorale dramatique des *Bergeries*, le plus important de ses ouvrages, fut composée pendant sa jeunesse, alors qu'il était à la cour, ou dans les intervalles que lui laissaient les campagnes où il suivit Louis XIII. Le doux souvenir des champs où il était né lui revenait, non tel, à coup sûr, que les affluents du Loir en conservaient la réalité, mais tel qu'il pouvait se présenter à travers le prisme de la cour et le système poétique du temps. La poésie d'alors avait habituellement sa source aux sommets du Pinde ou de l'Olympe, et ses personnages, qu'ils fussent guerriers ou bergers, devaient recevoir le baptême mythologique, comme au temps de Louis XV ils reçurent celui de la poudre à friser, avant d'entrer en scène. Témoin ce monologue du berger Alcidor, acte I, sc, I.

« Que cette nuit est longue et fascheuse à passer !
Et cette obscurité qui tout le monde enserre
Ouvre autant d'yeux au ciel qu'elle en ferme en la terre.
Les cocqs ne chantent point, je n'entends aucun bruit,
Sinon quelques zéphirs qui le long de la plaine,
Vont cajolant tout bas les nymphes de la Seine ;
O nuit dont la longueur semble porter envie
Au seul contentement que possède ma vie
Retire un peu les feux et permets que le jour
Vienne sur l'horizon éclairer à son tour,
Afin que ces beaux yeux pour qui mon cœur soupire
Sachent, avant ma mort, l'excès de mon martyre ;
Mais je la prie en vain (*la nuit*), elle ne m'entend pas.
Celui de qui le monde admire les merveilles
La faisant toute d'yeux ne lui fit point d'oreilles ;
Et toi, race des Dieux, belle nymphe du jour
Qui n'es pas insensible aux attraits de l'amour,
Agréable lumière, espoir de tout le monde,
Qui te retient si tard dans le séjour de l'onde ? ».

Les bergers de la poésie, pas plus que les bergères de l'opéra, ne peuvent ressembler aux pâtres de nos campagnes. Les bergers de Théocrite et de Virgile appartiennent certainement à ces poëtes charmants et non pas aux rudes vétérans des armées, qui sont supposés avoir été leurs maitres dans les *prædium* d'Italie ou de Sicile. Le langage que Racan met dans la bouche des siens est pour nous une langue morte. Or, cette langue était entendue avec délices par la cour de Marie de Médicis et par l'hôtel de Rambouillet. Mais la critique moderne ne peut refuser son suffrage sympathique à nombre de pages de cette pastorale, dans lesquelles le

sentiment de la nature est vivement exprimé, comme dans la
fameuse scène de l'acte V, où le même Alcidor, devenu vieux,
déplore les malheurs de sa trop longue vie :

« Heureux qui vit en paix du lait de ses brebis,
Et qui de leur toison voit filer ses habits,
Qui plaint de ses vieux ans les peines langoureuses
Où sa jeunesse a plaint ses flammes amoureuses.
Qui demeure chez lui comme en son élément,
Sans cognoistre Paris que de nom seulement.

. . . .

Soit que je prisse en main le soc ou la faucille,
Le labeur de mes bras nourrissait ma famille ;
Et lorsque le soleil en achevant son tour
Finissait mon travail en finissant le jour,
Je trouvois mon foyer couronné de ma race.
A peine bien souvent y pouvois-je avoir place !
L'un gisoit en maillot, l'autre dans le berceau ;
Ma femme en les baisant dévidoit son fuseau.
Le temps s'y ménageoit comme chose sacrée ;
Jamais l'oisiveté n'avoit chez moi d'entrée.

Aussi les Dieux alors bénissaient ma maison ;
Toutes sortes de biens me venoient à foison.
Mais, hélas ! ce bonheur fut de peu de durée :
Aussitôt que ma femme eut sa vie expirée,
Tous mes petits enfants la suivirent de près.
Et moi je restai seul, accablé de regrets,
De même qu'un vieux tronc, relique de l'orage.
Qui se voit despouillé de branches et d'ombrage ;
Ma houlette, en mes mains inutile fardeau,
Ne régit maintenant ni chèvre ni troupeau ;
Une seule brebis qui m'estoit demeurée,
S'estant loin de ma vue en ce bois égarée,
Y jeta son petit avec un tel effort (1)
Qu'en lui donnant la vie il lui donna la mort. »

____

(1) Hic inter densas corylos (Virg. ecl., 1).

Racan, qui, avant de se livrer à la poésie, n'avait pu entre-voir à la cour qu'une position pénible et humiliée, eu égard à la disgrâce de sa personne et de ses manières, fut, au contraire, rehaussé, accueilli, fêté, quand il fut devenu l'élève et l'émule de Malherbe. Ce monde, qui lui était apparu hostile et malveillant, s'était tout-à-coup retourné en sa faveur et le flattait de son admiration.

Cependant le souvenir des champs paternels le suivait partout; il les eût préférés à la guerre, à la cour, et aux lauriers mêmes de la poésie. Mais comment y revenir ? La fortune, laissée presque nulle par son père, ne s'était pas améliorée, et une liquidation pouvait réduire à néant ce qui lui restait de biens. Un mariage était difficile en cette condition de fortune et avec les désavantages physiques de sa personne. Le public applaudissait à ses poésies; mais les dames, surtout celles de la cour, ne pouvaient se faire à sa tournure gauche, ni à son langage incomplet qui, ne prononçant ni l'*r*, ni le *c*, le mettait hors d'état d'articuler son propre nom de Racan.

Il se fourvoya dans un amour chevaleresque et poétique qui aurait pu avoir pour lui de plus fâcheuses conséquences, mais qui se borna à le faire soupirer ridiculement pendant quelques années. Un jour, le vieux Malherbe et lui, en devisant de poésie, imaginèrent de se choisir chacun une dame de ses pensées; Malherbe, comme l'ami et le maître, choisit Catherine de Vivonne, marquise de Rambouillet; Racan s'attribua Catherine Chabot, veuve de César - Auguste de Saint-Lary, marquis de Termes, frère du duc de Bellegarde. Dans la pensée des deux amis, ces dames devaient être des maîtresses purement poétiques, une sorte de cible pour décocher des vers. Ils se mirent, séance tenante, à pressurer le nom de Catherine que portaient les deux dames, pour en tirer de jolis anagrammes : celui d'Arténice parut le plus galant; Malherbe le destina à Mme de Rambouillet; mais Racan gagna de vitesse; Mme de Termes fut la première fêtée dans une églogue sous le nom d'Arténice, et Malherbe fut réduit

à appeler poétiquemént Mme de Râmbouillet Rhodante. Cependant Arténice grandit considérablement dans les vers et par
suite dans le cœur de Racan. Arténice est l'héroïne principale
de la pastorale des *Bergeries*, qui fut d'abord représentée à la
cour, et publiée sous le nom même d'Artenice, en 1625. Dans
l'églogue qui termine ce poème, un berger, transparent inter-
prète du poëte, dit :

> Soit que le jour renaisse au sommet des rochers,
> Et commence à dorer la pointe des clochers,
> Ou soit que dans les eaux sa lumière finisse,
> Je ne pense jamais qu'aux beautés d'Arténice,
> Celle dont les appas trop chastement gardés,
> Par le seul Alcidor ont été possédés,
> Celui de qui la mort si digne de la vie,
> Fit moins aux braves cœurs de pitié que d'envie.

Ce berger Alcidor n'est autre que M. de Termes, mort
d'une blessure reçue à l'attaque de Clérac, bourg de Saintonge,
le 22 juillet, dans cette campagne de 1621, ou Racan lui-
même se trouva.

Il est à remarquer cependant que la lettre à Malherbe, qui
sert de préface aux *Bergeries*, accuse sinon un refroidisse-
ment, au moins un grand dépit éprouvé par notre poëte
amoureux. « D'abord, dit-il, je m'estois proposé de me servir
d'un sujet assez cogneu dans la cour ; mais les déplaisirs que
je reçus d'une certaine personne, qui eût pu s'en attribuer
les plus belles aventures, me firent résoudre à changer les
deux premiers actes, qui estoient déjà faits, plustot que
de lui donner le contentement de voir l'histoire de ses
amours dans més vers. Il est vrai que je suis bien aise qu'elle
porte le nom d'Arténice et voudrois estre capable d'en faire
durer la mémoire aussi longtemps que l'amour que j'ai pour
elle. Il y a si peu de chose en ce siècle digne de louange, que
je crois que la postérité ne doit point trouver mauvais de
quoi je ne l'entretiens que des folies de ma jeunesse, puisque
je n'ai rien de meilleur à lui dire. »

Arténice est célébrée en mille vers, stances, odes ou sonnets.

> « Plus mon ingrate a pour moi de rigueur,
> Plus je l'adore et plus je sens mon cœur
> Aimer le mal et haïr le remède. » .

Mais, les vers, comme dit Fontenelle, en un sonnet connu, celui de Daphné,

> « Mais les vers n'étaient point le charme de la belle. »

La prose épistolaire ne fut pas plus heureuse. « Ne craignez point de voir cette lettre, vous n'y lirez autre chose que ce que vous lisez tous les jours sur mon visage. Vos yeux sont trop beaux et trop clairs pour n'y point cognoistre ce que j'ai dans le cœur. » Racan voyait souvent Mme de Termes chez la duchesse de Bellegarde, et les registres de Sonzay prouvent qu'elle résida au château de la Motte, en même temps que la duchesse et l'infortuné soupirant. Celui-ci fit en outre plusieurs voyages à Dijon, pour la rechercher auprès de son père, Jacques Chabot, marquis de Mirebeau, lieutenant-général au gouvernement de Bourgogne, chez qui elle demeurait depuis qu'elle était veuve. Le pauvre Racan était toujours aveugle, mais Malherbe y voyait clair pour lui.

« Pour la dame de Bourgogne, lui dit-il dans une lettre, je ne lui écrirai point; si encore elle m'eut envoyé un pot de moutarde (de Dijon), son honnêteté eut excité la mienne; mais elle n'a que faire de moi, ni de vous non plus. Celle à qui vous en voulez est très-belle, très-sage, de très-bonne grâce et de très-bonne maison; elle a tout cela, je l'avoue; mais le meilleur y manque : elle ne vous aime point. Pour moi,

> « Quand je verrois Hélène au monde revenue,
> Pleine autant que jamais de grâces et d'appas,
> N'en estant point aimé, je ne l'aimerois pas. »

La lettre de Malherbe est datée du 18 octobre 1625, la même année que celle de la Roche-Racan, servant de préface aux *Bergeries*.

Le déclin de la passion pour Mme de Termes doit dater de cette époque; car bientôt après commencèrent les pourparlers d'un mariage qui ne fut pas acceuilli sans hésitation ni sans examen, et qui ne se traita point en madrigaux comme l'affaire d'Arténice.

Une noble famille, originaire de la Flandre, était venue, sous le règne de Louis XI, s'établir en Touraine, non loin des principaux domaines de la maison de Bueil. Jean du Boys, secrétaire de la reine, acheta en 1447 la terre de Fontaine, dans la paroisse de Rouziers. Son fils, nommé comme lui, Jean, y joignit le domaine de Maran, et prit le titre de seigneur de Fontaine-Maran. Le roi Charles VIII et la reine Anne de Bretagne honorèrent de leur présence son mariage avec Jeanne Boyer ou Bohier; il fut fait chevalier à la bataille de Fornoue. Au temps qui nous occupe, Pierre du Boys, seigneur de Fontaine-Maran, avait épousé, le 17 février 1604, Françoise Olivier, fille de Jean, seigneur de Leuville, du Plessis-Barbe, de Vendenesse et de Givry; gentilhomme de la chambre du Roi; deux enfants sortirent de cette union, Jean (1) et Madeleine; cette dernière pouvait être âgée ~~d'une vingtaine d'années~~ de 15 ans en 1627, lorsque Racan songea a lui offrir son hommage. Il nous est aussi impossible de parler de sa figure que de son caractère. Nous ne connaissons d'elle que sa signature cent fois répétée sur les registres de Saint-Paterne et des communes voisines. Cette signature, en grandes lettres, ressemble à celle des plus nobles dames du temps, à celle de Racan lui-même, et paraît indiquer une femme de bonne éducation autant que de bonne maison. Tallemant des Réaux,

(2)

(1) Jean fut le père de Louis du Bois, marquis de Givry, grand bailly de Touraine et lieutenant-général des armées, mentionné dans le Rapport au roi sur la Touraine, par Charles Colbert.

(2). voir la note page...

2

qui a parlé de tout le monde, ne parle pas d'elle, ce qui est un grand bonheur, nous pourrions même dire un grand éloge. Cependant, s'il ne l'a fait entrer dans le cadre fâcheux de ses *Historiettes*, il nous la fait tout au moins entrevoir dans les préliminaires du mariage.

Racan était fort gauche, comme nous l'avons dit : se fit-il précéder auprès de la belle par l'envoi de quelques vers, nous ne le savons ; mais voici l'entrevue, telle que la raconte Tallemant :

« Quand il faisoit l'amour à celle qu'il a épousée et qu'il n'eut qu'à cause de Mme de Bellegarde, hors d'avoir des enfants, lui assura du bien, il voulut la voir à la campagne avec un habit de taffetas-céladon. Son valet, Nicolas, qui estoit plus grand maistre que lui, lui dit : « Et s'il pleut, où sera l'habit céladon ? Prenez votre habit de bure ; et, au pied d'un arbre, vous changerez d'habit proche du chasteau » (1). Bien, dit-il, Nicolas, je ferai ce que tu voudras, mon enfant. Comme il relevoit ses chausses (son haut de chausses), c'estoit en un petit bois proche de la maison de sa maitresse, elle et deux autres filles parurent. « Ah ! dit-il, Nicolas, je te l'avois bien dit ! — Mordieu, répond le valet, depêchez-vous seulement. » Cette maitresse vouloit s'en aller ; mais les autres, par malice, la firent avancer. « Mademoiselle, lui dit ce bel amoureux, c'est Nicolas qui l'a voulu. Parle pour moi, Nicolas, je ne sais que lui dire. »

Il faut faire ici la part de la malice de Tallemant des Réaux, et je crois que nous pouvons hardiment diminuer des trois

---

(1) Nicolas Deschamps était de longue main au service de Racan : les registres de St-Paterne portent, à la date du 7 janvier 1619, le baptême de Louise, fille de Jean Motte et de Jeanne, sa femme ; le parrain est Nicolas Deschamps, homme de chambre de monseigneur de Racan, et la marraine damoiselle Louise de Racan ; signé : Loysé de Racan et Nicolas Deschamps. Cette Louise de Racan semble être une sœur de Racan lui-même.

quarts le ridicule de cette scène. Racan, probablement, ne chargea pas son valet de faire la déclaration. Le père de mademoiselle du Bois possédait trois terres importantes à égal rayon de la Roche-Racan, c'étaient Fontaine-Maran, communes de Rouziers et de Nouzilly, la Roche-Bourdeille, non loin de là, et le Plessis-Barbe, en la commune de Bueil. Pierre du Boys habitait de préférence le premier de ces domaines qui était son héritage, et dont il portait le nom, cependant la famille séjournait souvent aussi au Plessis-Barbe, patrimoine de Françoise Olivier, et où celle-ci passa son long veuvage, après la mort de son mari. C'était, dans l'un ou l'autre cas, trois ou quatre lieues de chevauchée qu'il y avait à faire en exposant à la pluie l'habit de taffetas-céladon.

En dépit du ridicule jeté par Tallemant des Réaux sur cette entrevue, elle réussit. La famille du Boys était, comme nous l'avons dit, haut posée en Touraine par son ancienneté, ses alliances et ses possessions. Si elle n'était tout à fait de pair avec l'illustre famille de Bueil et des comtes de Sancerre, elle dominait du moins la situation personnelle de Racan presque dénué de bien : aussi fallut-il des négociations pour arriver à bonne fin. La duchesse de Bellegarde dut intervenir; elle était la cousine germaine de Racan ; mariée en 1594, elle n'avait pas d'enfants après trente ans de mariage. Racan, dont son mari avait été le tuteur et le protecteur constant, était pour elle un fils autant qu'un cousin. Il était, d'après l'ordre naturel des choses, l'héritier d'une bonne partie de sa fortune; elle consentit à garantir cette part légitime dans sa succession. Cependant, comme il hérita des deux tiers, tandis qu'Honorat d'Acigné, cousin de la duchesse au même degré, ne reçut qu'un tiers, peut-être assura-t-elle à Racan les deux tiers au lieu de la moitié de sa fortune. Mais l'acte de partage est muet à cet égard.

Le mariage étant arrêté, Malherbe eut mission de l'annoncer à Mme de Termes, et il s'en acquitta non sans laisser percer une pointe de persifflage envers la marquise.

« Madame, j'ai vu depuis huit ou dix jours une lettre où vous me faites l'honneur de vous souvenir de moi. Je vous jure que cette faveur, aussi peu attendue que méritée, m'a tellement surpris qu'elle m'a quasi persuadé de faire plutôt semblant de ne l'avoir pas reçue. Quoi qu'il en soit, Madame, si j'ai failli d'avoir délibéré là-dessus, je le répare en me rangeant du côté de la bonne foi. Celui qui m'a mis en cet état de gloire est M. de Racan, qui est ici pour demander à Mme de Bellegarde congé de se marier avec une fille d'Anjou que l'on dit être assez riche. Cela lui étant accordé, comme je crois qu'il sera sans beaucoup de peine, il fait compte de s'en retourner, tellement que si quelqu'un des lieux où vous êtes a envie de danser à ses noces, il est temps qu'il se prépare. Pour l'épitalame, il ne lui coûtera rien ; il fera ses écritures lui-même. Après cela, adieu les Muses ; on se promet force ballets à ce caresme prenant (carnaval) ; mais, Madame, vous n'y serez point, et par conséquent la Bourgogne aura quelque chose de plus que la Cour, au jugement de tous ceux qui ont le goût bon, et particulièrement de votre très-humble et très-obéissant serviteur. »

Pour prendre congé, de notre côté, de la marquise de Termes, nous dirons que cette belle Arténice, mariée une première fois en 1615, veuve en 1621, insensible aux tendresses de Racan, se remaria, en 1635, à Claude Vignier, président au parlement de Metz, et qu'elle mourut en 1662.

Le mariage de Racan eut lieu à Tours, par contrat du 29 février 1628 (1). Mais les douceurs de l'hymen furent presque aussitôt troublées par l'appel de la guerre. Le roi arriva devant la Rochelle vers la fin de mars, et, si Racan ne l'y accompagna, il dut le suivre de près ; il est avéré qu'il se

______

(1) Nous avons fait de vaines recherches pour découvrir ce mariage sur les registres de l'état-civil de Tours, qui nous auraient indiqué les principaux assistants, mais on ne trouve à cette date, à Tours, que les registres de baptême ; ceux de mariage et de décès manquent.

trouva à ce siége célèbre, par un passage des mémoires qu'il a composés pour la vie de Malherbe. « Il (Malherbe) mourut à Paris, vers la fin du siége de la Rochelle, où Racan commandoit la compagnie de M. d'Effiat, ce qui fut cause qu'il n'assista point à sa mort, et qu'il n'en a su que ce qu'il a ouï dire à M. Porchère d'Arbaud. » Il nous apprend aussi, dans son ode à Louis XIV, dont nous avons cité quelques vers, qu'il suivit Louis XIII dans sa campagne à travers les Alpes contre le duc de Savoie, en 1629. Ainsi les deux années qui suivirent son mariage furent réclamées par les devoirs militaires. Mais là se terminèrent ses campagnes ; car la mort de la duchesse de Bellegarde vint bientôt changer sa fortune : la duchesse mourut le 1er octobre 1631 en son château du Bois de Neuvy. Le registre des décès manque, à cette date, dans la commune de Neuvy-Roi, mais les registres de Sonzay, qui mentionnent cet événement, nous montrent en outre Mme de Bellegarde |comme ayant résidé au château de la Motte-Sonzay, avec Racan lui-même, en juin 1629 et en janvier 1630. Ils y sont ensemble parrain et marraine de deux enfants baptisés ; en l'un et l'autre acte, Racan est nommé et qualifié : Honorat de Bueil, chevalier, gouverneur et enseigne de la compagnie de monseigneur le Gouverneur de cette province de Touraine, seigneur de Racan et de la *Roche-au-Maire*. La marraine est dite : Anne du Bueil, duchesse, femme de monseigneur le duc de Bellegarde, grand écuyer de France.

Le gouverneur de Touraine était alors le maréchal d'Effiat, dont Racan commanda la compagnie au siége de la Rochelle. La Roche-au-maire est probablement le même nom que celui de la Roche-au-moyen, donné par le père Anselme à une seigneurie d'Honorat de Bueil, bisaïeul de Racan, et ceci nous semble indiquer l'ancien nom du domaine de la Roche, où il était né et qu'il commence à nommer la Roche-Racan dans la date de la lettre à Malherbe du 15 janvier 1625, que nous avons citée.

Le partage de la succession de la duchesse de Bellegarde,

entre Racan et son cousin Honorat d'Acigné, comte de Grandbois, se fit le 13 mai 1637, au château de Fontaine-Guérin, près Baugé en Anjou, par un mode assez singulier, et qui mérite d'être mentionné. Trois arbitres avaient été nommés de chaque côté, pour expertiser et partager les biens, par acte notarié du 9 février 1635. Ces experts devaient se composer d'un gentilhomme, d'un homme de justice et d'un bourgeois. Ceux de Racan furent René de Rochefort, chevalier, seigneur d'Armilly (parmi les œuvres de Racan, un sonnet et une lettre sont adressés à M. d'Armilly, gentilhomme de Touraine), Jean Patrix, avocat au siége de Tours, et Michel Nobilleau, sieur des Maisons-Blanches. Les arbitres du comte de Grandbois étaient Antoine de Ridouët, chevalier, seigneur de Sancé; Bordereau, assesseur au siége de la Flèche, et Gabory, seigneur de la Lande, contrôleur de la maison de la reine, mère du roi. L'héritage devait se partager, à raison des deux tiers et en outre d'un préciput acquis par les coutumes pour le seigneur de Racan; l'autre tiers venait à la famille d'Acigné.

La famille d'Acigné eut, pour son tiers, la châtellenie et terre de la Motte-Sonzay, la châtellenie de la Roche-Béhuard, le Fief-au-Chat, Cangé, Brossesac, Allançon, le pré de Neuillé-Pont-Pierre et l'étang de Bornette, le tout estimé   102,432 l.

La châtellenie et terre de Bouillé.   78,500

La partie du fief de Thoriau qui se trouve dans les paroisses de Neuillé et Sonzay.   3,738

Total. . . . . . .   184,670 l.

Racan reçut les deux autres tiers de la fortune dont le détail n'est pas exprimé dans le dispositif de la sentence arbitrale, mais il eut à rapporter une soulte de 3,636 livres.

Parmi les domaines qui durent revenir à Racan, nous remarquons dans le procès-verbal de prisée :

1° La baronnie, terres et fiefs de Fontaine-Guérin, située au Brion, près Baugé, en Anjou; moitié de la châtellenie, terres et fiefs de Brion (l'autre moitié à la branche de Sancerre); le Vieil-Baugé, la Roche-Habillon, le Plessis-Angau, le fief de Bessé-Moulinet, la grande dixme de Beaufort et celle de Marray-les-Marais, la seigneurie de Grez, le tout estimé. . . . . 175,600 liv. sur laquelle, déduction faite de la somme de 6,000 livres, à laquelle les experts ont estimé le préciput du sieur de Racan sur ladite baronnie, reste la somme de. . . 169,600 liv.

2° La châtellenie, terre, fief et seigneurie du Bois, prévosté de Neuvy-Roy, les Cartes-Bougré, Longueville, la Varanne, Écorchebœuf, Racan, les Hayes-le-Roy, la Bucherie, la Fortinière, Fous, Ajonnière et autres fiefs et domaines en dépendant, la somme de. . . . . . , . . 105,075 liv. sur quoi, déduction faite de la somme de 14,000 livres pour l'appréciation du dit château du Bois, et pour prix d'icelui et hommage de la première retenue par le dit sieur de Racan, pour la présente appréciation, la somme de. . 91,075 liv.

3° La Clôserie et fiefs appelés Pocé, en la paroisse de Saint-Ouen, près Amboise, la somme de. . . . . 1,200 liv.

4° Valènes, en la paroisse de Valènes (Maine) et autres. . . . . 100,800 liv.

Dans l'énumération ci-dessus, nous ne devons pas faire la déduction du préciput, puisque celui-ci est resté à Honorat de Bueil; nous prendrons donc les chiffres pleins qui nous donnent un total de 369,320 livres, sur lequel il rapporta 3,636 livres; il lui resta donc net une somme de 363,636 livres, chiffre qui semble représenter une valeur décuple en notre monnaie, si nous avons égard aux estimations faites alors des diverses terres. Ainsi la terre de la Motte-Sonzay, avec plusieurs accessoires, a été estimée 102,402 livres, tandis qu'elle a été vendue récemment pour la somme d'un million, bien qu'elle fût réduite dans sa contenance.

On est étonné de voir figurer le fief de Racan parmi les immeubles de la succession de la duchesse de Bellegarde. Elle avait pu l'acheter, soit lors de la liquidation des biens de Louis de Bueil, soit depuis, Racan ayant préféré le vendre amiablement à sa cousine qu'à tout autre (1).

Cette succession le fit passer de la gêne à l'opulence. Lui-même raconte ainsi cette révolution de son existence (lettre à Chapelain, Ménage et Conrart). « Je ne me retirai dans ma maison, qu'en un âge où je pouvois dire avec vérité :

> Déjà cinquante hivers ont neigé sur ma teste,
> Il est désormais temps que loin de la tempeste
> J'aspire à ce repos qui n'est point limité
>   Que de l'éternité.

« Ce fut alors que je voulus dans les bastiments laisser des marques d'avoir été. La succession de Mme de Bellegarde, qui avoit augmenté ma fortune de 15,000 livres de rente, me donna le pouvoir de dépenser 60,000 livres dans la moindre de mes maisons, qui estoit celle que mon père m'avoit laissée, où j'avois été nourry : je voulus honorer et relever dans ma bonne fortune, la maison qui m'avoit aidé et soutenu dans ma misère; mais la dépense que j'y fis, quoiqu'elle fût au-dessus de mes forces, estoit beaucoup au-dessous de celles des favoris de la fortune dans leurs superbes maisons : c'est ce qui me fit mépriser mon ouvrage. »

Les seigneuries et sans doute les châteaux de Fontaine-Guérin, le Vieux-Baugé, le Bois de Neuvy-Roi et Valènes, étaient en effet plus importants que la Roche; mais le prestige du berceau l'emporta sur tout le reste. La terre de Valènes,

---

(1) La sentence arbitrale de partage dont il s'agit est aux archives d'Indre-et-Loire, dossier des Écotais, E. 52.

qui ne figure parmi les domaines de Racan que dans l'acte de partage, fut sans doute vendue pour subvenir à la construction de la Roche-Racan.

Le château du Bois de Neuvy a reçu notamment ce témoignage d'un écrivain contemporain, le moine Martin Marteau, en son *Paradis délicieux de la Touraine :* « A une lieue de Bueil est le bourg de Neuvy, embelli de grands bastiments. Durant que M. de Bellegarde en estoit seigneur, il y avoit quantité de valets de pied du roi. Maintenant M. de Racan en est seigneur héréditaire et possesseur *par la mort de Mme Le Grand, duchesse de Bellegarde, et fille de M. de Fontaine, issue de la très-illustre maison de Bueil.* Il y a un très-beau chasteau nommé Grosbois, tout proche le bourg, et magnifiquement basti. » Les mots que nous avons soulignés, écrits dans le langage de l'époque, doivent être traduits ainsi : Par la mort d'Anne de Bueil, épouse de *M. le Grand Escuyer,* duc de Bellegarde, et fille d'Honorat de Bueil, seigneur de Fontaine-Guérin.

Racan paraît avoir établi son ménage et son domicile à la Roche aussitôt après son mariage. Sa femme y demeura pendant qu'il était au siége de la Rochelle et dans les gorges des Alpes ; car son nom figure à cette époque sur les registres de St-Paterne.

Le vers :

« Déjà cinquante hivers ont neigé sur ma tête. »

me paraît un peu exagéré. Racan, né en 1589, n'avait que quarante-quatre ans en 1632, lors de la naissance de son fils Antoine, et à dater de cette époque, sa présence à la Roche est régulièrement constatée par les registres de St-Paterne, qui contiennent la naissance de ses cinq enfants, et qui reproduisent sa signature en nombre d'occasions à propos des baptêmes et des mariages de ses amis, de ses voisins, de ses fermiers, de ses ouvriers (1) ; car c'est un caractère particulier des régistres du XVIIe siècle, de montrer les relations faciles et sympathiques qui existaient entre les hommes des diverses classes. Avant cette époque, les registres sont trop laconiques, et ils n'expriment rien. Au XVIIIe siècle, les classes s'observent plus qu'au XVIIe ; la noblesse, rendue plus haute par le ton de la cour de Louis XIV, se charge de titres et s'isole. J'ai remarqué cet effet produit parallèlement sur divers points de la France.

Parmi les familles les plus fréquemment honorées du parrainnage de Racan, de sa femme et de ses enfants, on peut remarquer une famille Gabriel, dont les chefs sont d'abord qualifiés maçons, puis tailleurs de pierre et plus tard architectes. De cette famille sortirent, du vivant de Racan, Jacques et Louis Gabriel, nés à St-Paterne, qui se distinguèrent à Paris comme architectes. Jacques, devenu architecte du roi, fut chargé de bâtir le château de Choisy et commença la construction du Pont-Royal. Son fils, nommé comme lui Jacques, fut l'un des continuateurs du Louvre ; enfin on doit à Jacques-Ange, fils de ce dernier, né en 1710, les bâtiments de l'École-Militaire et les colonnades de la place de la Concorde (2).

Dans une lettre à Chapelain qui, malheureusement, n'est pas datée, mais qui semble être de sa vieillesse, Racan fait un singulier usage de son maître maçon. « Il faut que je ménage le temps qui me reste, dit-il, pour mettre mon cantique de Judith au net ; je le viens d'achever ; et je vous l'enverrois si j'avois mon maître maçon pour le transcrire (3). » Ainsi le maître maçon faisait office de secrétaire. Selon toute

(1) La signature de Racan offre un trait assez particulier : il signe en grosses lettres « Honorat de Bueil ; » puis sous le nom de Bueil il met en petites lettres et sans majuscule initiale « Racan. »

(2) Chalmel, Hist. de Touraine, t. VI.

(3) Lettre XI de l'édition Tenant de la Tour.

apparence, c'est cette famille Gabriel qui a reconstruit, sous la direction de quelque habile architecte, le château de la Roche, et elle a dû y gagner elle-même ses crayons d'architecte.

Le château fut édifié vers 1634, époque où, la succession de Mme de Bellegarde étant échue, il était possible d'opérer la construction, sans attendre le partage qui ne s'est fait qu'en 1637 comme nous l'avons vu.

Le lieu tenait au cœur de Racan qui y était né : il y avait passé les années de son enfance dont le souvenir n'avait pu être effacé par un long séjour à la cour. La situation est pittoresque et se représente, du reste, souvent dans le pays : c'est le degré d'un coteau, aplani en terrasse ; le ruisseau coule dans la vallée au milieu d'une prairie verdoyante et sinueuse qu'encadre une double ligne de collines ondulées.

Le pavillon principal, qui seul reste aujourd'hui, est planté au bord de la terrasse ; il plonge ses soubassements et ses murs de fondation jusqu'au niveau de la vallée ; il a, dans cette hauteur, deux étages voûtés, éclairés seulement au sud et à l'ouest ; le plus bas est consacré aux caves, cellier, buanderie ; le supérieur est occupé par de vastes cuisines. Le troisième étage, en partant de la vallée, forme le rez-de-chaussée au niveau de la terrasse ; il contient les appartements de réception et la cage d'un large escalier conduisant aux étages supérieurs. Le quatrième et le cinquième étages sont destinés aux chambres à coucher ; le pavillon se termine par un toit fort élevé, avec des chambres éclairées par d'élégantes lucarnes et contenant de vastes greniers. La hauteur totale du bâtiment, de sa base, du côté de la vallée, au faîte de la toiture, est d'environ trente mètres. Les gros murs, fondés sur le roc, ont de trois à quatre mètres d'épaisseur. A l'extrémité ouest, le château est flanqué d'une tour octogone, renfermant aujourd'hui un boudoir à chacun de ses deux étages supérieurs, et terminée au troisième par une terrasse d'où la vue s'étend sur toute la vallée de l'Écotais, depuis Neuillé-Pont-Pierre jusqu'à St-Paterne, sur une longueur de deux lieues.

Le pavillon que nous venons de décrire est ce qui reste aujourd'hui ; mais la construction de Racan comprenait encore un pavillon de l'autre côté de la terrasse et adossé au rocher supérieur ; une galerie étroite et légère les réunissait, laissant au milieu un passage en portique pour arriver de l'extérieur à la cour d'honneur formée par le reste de la terrasse.

Cet ensemble imposant de constructions se termina par une chapelle dédiée à saint Louis, laquelle fut bénite par le curé de St-Paterne, Jean Maan, alors chanoine prébendé de l'église métropolitaine de Tours, le dimanche 1er novembre 1636 (1). Cette date sert à préciser la construction du château qui se fit nécessairement avant celle de la chapelle, mais après 1631, époque où fut ouvert l'héritage de Mme de Bellegarde. Le style de la construction, ferme, simple et convenablement orné, est en effet celui de la fin du règne de Louis XIII.

Les impressions champêtres de ses premières années lui avaient laissé d'autant plus de prestige que son peu de succès à la cour et dans les armes lui faisait paraître sa vie active un véritable exil ; il ne soupirait qu'après le retour aux champs paternels ; et quand la poésie avait fait diversion à ses exercices, il avait souvent ramené celle-ci vers l'objet de ses désirs ou bien il l'avait excitée contre l'objet de ses déceptions :

> Heureux qui vit en paix du lait de ses brebis,
> Et qui de leur toison voit filer ses habits !

Ou bien :

> Que te sert de chercher les tempestes de Mars,
> Pour mourir tout en vie au milieu des hasards
>   Où la gloire te mène ?
> Cette mort qui promet un si digne loyer,
> N'est toujours que la mort qu'avecque moins de peine
>   L'on trouve en son foyer.

(1) Registres de St-Paterne.

> Que sert à ces galants ce pompeux appareil
> Dont ils vont dans la lice éblouir le soleil
>   Des trésors du Pactole ?
> La gloire qui les suit après tant de travaux ;
> Se passe en moins de temps que la poudre qui vole
>   Du pied de leurs chevaux.

Ce fut en jetant les fondements du château de la Roche qu'il composa cet hymne d'éternelle suavité qui suffirait à lui seul pour établir une renommée :

> Tircis, il faut songer à faire la retraite,
> La course de nos jours est plus qu'à demi faite,
> L'âge insensiblement nous conduit à la mort,
> Nous avons assez vu sur la mer de ce monde
> Errer au gré des flots notre nef vagabonde,
> Il est temps de jouir des délices du port.
>
> . . . . , ...
>
> Crois-moi, retirons nous hors de la multitude,
> Et vivons désormais loin de la servitude
> De ces palais dorés où tout le monde accourt ;
> Sous un chesne élevé les arbrisseaux s'ennuyent,
> Et devant le soleil tous les astres s'enfuyent,
> De peur d'estre obligés de lui faire la court.

Ces admirables stances rangent Racan, comme l'a dit très-bien son dernier éditeur, dans la famille de La Fontaine plus que dans celle de Malherbe. Elles nous révèlent le bonheur qu'éprouva leur auteur en se sentant loin de la cour, ramené en présence de la nature, au milieu de la douce vie des champs et de ces relations simples qui lui étaient chères, depuis le gentilhomme campagnard du voisinage jusqu'aux modestes fermiers et aux artisans qui travaillaient pour lui.

Racan eut cinq enfants qui tous naquirent au château de la Roche. Le père Anselme n'en cite que trois, Tallemant des Réaux lui en accorde quatre ; nous en avons trouvé cinq inscrits sur les registres de St-Paterné.[(1)] Chacun de ces actes offre de l'intérêt en faisant connaître approximativement la situation de Racan, son entourage de famille et d'amis.

(1) Ces cinq enfants sont indiqués avec les mêmes dates précises de naissance et de baptême sur le manuscrit mentionné ci-après à la page 82. Ils ont été précédés par la naissance d'une fille morte en naissant, au Château de Fontaine en 1629

4°. Le 29 janvier 1632, fut inscrite sur ces mêmes registres la naissance du premier enfant de « Haut et puissant messire Honorat de Bueil, chevalier, seigneur baron de Racan, Fontaine, le Bois, la Motte-Sonzay, la Roche-au-Maire, Bouillé, la Roche-Abillon, Grez, le Vieil-Baugé, Valènes, etc., et de dame Madeleine du Boys, son épouse, et a été baptisé par nous Mathurin Duré, prestre; et le mardi, 2 du mois de mars, a été nommé Antoine par messire Antoine de Conighan, chevalier de l'ordre du roi, seigneur de Cangé, conseiller du roi, capitaine de cinquante hommes d'armes des ordonnances de sa Majesté, et par Françoise Olivier, mère de la dite du Boys, espouse de messire Pierre du Boys, chevalier, seigneur de Fontaine-Maran. Les cérémonies du baptême, faites par messire Jean Maan, licencié de théologie de l'Université de Paris, curé de St-Pater. Signé : de Conighan, Françoise Olivier, Royer, Maan. »

Cet acte est plein de faits intéressants :

La famille de Conighan de Cangé, originaire d'Écosse et établie en France sous le règne de Louis XI, était devenue illustre en Touraine. Antoine, ici nommé, est le père de l'héroïque Hercule de Conighan, dit le chevalier de Cangé, chevalier de Malte, qui se signala sur mer au siége de la Rochelle, et, avec son compatriote le chevalier de Razilly, y sut réduire à l'inaction les flottes d'Angleterre. En 1642, sur la côte de Catalogne, il venait de faire baisser le pavillon à un navire anglais beaucoup plus grand que le sien, quand un brûlot vint communiquer le feu à celui-ci. Le chevalier de Cangé, le bras percé d'un coup de feu, ordonna le sauvetage de son équipage sur le vaisseau capturé; mais, jaloux de sortir le dernier, il n'eut pas le temps de quitter le foyer de l'incendie, et il sauta avec son navire.

Jean Maan, alors curé de St-Paterne, est devenu chanoine de la cathédrale de Tours, docteur de théologie; il est l'auteur de la savante Histoire de l'église métropolitaine de

Tours. Enfin, la plupart des seigneuries attribuées à Racan, telles que la Motte-Sonzay, Fontaine, le Bois, le Vieil-Baugé, Valènes, Grez, nous font connaître qu'à cette époque il avait hérité de la duchesse de Bellegarde, récemment titulaire de ces mêmes domaines. Ce n'est pas à dire cependant que Racan fût le seigneur unique et complet de toutes ces terres; il y avait seulement un droit indivis avec un autre cohéritier. Honorat d'Acigné, comte de Grandbois et de la Roche-Jagu, d'une noble famille constamment en scène dans l'histoire de la Bretagne ducale, était son cousin germain aussi bien que de la duchesse. Tous trois descendaient de Jean de Bueil et de Françoise de Montalais.

2°. 26 juillet 1633. Naissance de Loys, fils de messire Honorat de Bueil, chevalier de l'ordre du roi (1), conseiller en son conseil d'état et privé, capitaine de cinquante hommes d'armes des ordonnances de Sa Majesté (2), seigneur de Racan, baron de Fontaine, de la Roche, du Bois, de Montifray; et le dimanche 2ᵉ jour d'avril 1634, a été baptisé en l'église de St-Pater, et les cérémonies du baptême faites par messire Jean Maan, docteur de théologie, curé du dit lieu, et chanoine de l'église de Tours, nommé ledit enfant Loys par haut et puissant seigneur René de Bueil, comte de Marans (3), chevalier du roi, et par damoiselle Madeleine de Bueil, fille de haut et puissant Loys de Bueil, vivant seigneur de Courcillon (4).

---

(1) Racan ne se trouve pas sur la liste des chevaliers de l'ordre du Saint-Esprit où avaient figuré son père et son oncle, Honorat, père de la duchesse de Bellegarde, aussi bien que Jean de Bueil, comte de Sancerre et de Marans, grand échanson de France. Il en faut conclure qu'il était seulement chevalier de l'ordre de Saint-Michel, créé par Louis XI, à Amboise, le 1ᵉʳ août 1469, pour 27 chevaliers seulement; mais Catherine de Médicis l'ayant prodigué, il tomba en discrédit. C'était pour y remédier que l'ordre du Saint-Esprit fut créé par Henri III, en 1578.

(2) Ce titre que Racan prend en cet acte et qu'il ne prendra plus, indique qu'il n'avait pas encore tout à fait quitté le service en 1633.

(3) René de Bueil, comte de Sancerre et de Marans, baron de Châteaux (Château-la-Vallière) et de St-Christophe.

(4) Madeleine de Bueil, fille de Louis de Bueil, seigneur de Courcillon, de la Marchère et de Brandois (seigneurie jadis fort importante, aujourd'hui

3°. 26 mars 1636. Naissance de Honorat, fils de haut et puissant Honorat de Bueil, chevalier, seigneur baron de Fontaine, du Bois, de Racan et autres, et de dame Magdeleine du Boys, son épouse. Parrain, haut et puissant seigneur Honorat d'Acigné, chevalier, comte de Grandbois; marraine, dame Renée de Keraldanet; baptisé par Jean Maan, docteur de théologie de l'université de Paris, curé de St-Pater. Signé : Honorat d'Acigné, Renée de Keraldanet, Marguerite de Coëtnempren, Honorat-Auguste d'Acigné, Jean-Léonard d'Acigné.

Honorat d'Acigné, fils de Jeanne de Bueil, mariée par contrat de 1582 à Jean d'Acigné, comte de Grandbois et de la Rochejagu, était le cousin germain de Racan et de la duchesse de Bellegarde. Héritier pour un tiers dans la succession de la duchesse, il avait eu pour sa part le château et la terre de la Motte-Sonzay, et il était venu s'y établir. D'un premier mariage avec Jacqueline de Laval-Lezay, il eut Honorat-Auguste et Jean-Léonard, ici présents, Pierre, dit l'abbé d'Acigné, François, chevalier de Malte, et une fille nommée Gabrielle, mentionnée nulle part ailleurs que sur le registre de Sonzay, où elle figure à la date de 1638. Honorat d'Acigné épousa en secondes noces Marguerite de Kersaint de Coëtnémpren (1), ici signataire, mais il n'en eut pas d'enfants.

Celle-ci, cependant, avait une fille d'un premier mariage, Renée de Keraldanet, qui épousa Honorat-Auguste d'Acigné,

représentée par une simple motte féodale, dans la commune de St-Martin de Brem (Vendée), et de Renée de Couettes, mariée en 1645 à Pierre de Perrien, marquis de Crenan, grand échanson de France.

(1) Cette famille bretonne figure au musée des croisades à Versailles, et souvent dans l'histoire de Bretagne. Elle a, dans le temps moderne, donné le jour à Marie-Claire de Kersaint de Coëtnempren, femme d'Amédée de Durfort, dernier duc de Duras, pair de France sous la Restauration, et mère de Félicité de Durfort de Duras, épouse en premières noces de Léopold de la Trémoille, prince de Talmond, et, en deuxièmes, du général comte Auguste de la Rochejacquelein. La comtesse de la Rochejacquelein est la propriétaire du beau château d'Ussé, en Touraine. La duchesse de Duras est auteur de deux romans qui eurent du succès, *Ourika* et *Édouard*.

fils de Honorat d'Acigné. Ces deux époux se trouvaient ainsi eux-mêmes enfants de deux époux; mais ils n'étaient pas issus de leur union. Ils eurent uné fille unique, Anne-Marie, qui épousa par dispense, le 17 janvier 1650, à Sonzay, son oncle, Jean-Léonard d'Acigné, dernier signataire de l'acte ci-dessus. De ce mariage naquit au château de la Motte, en 1660, Anne-Marguerite d'Acigné, qui épousa, le 30 juillet 1684, Armand-Jean de Viguerot du Plessis, duc de Richelieu et de Fronsac; le maréchal de Richelieu naquit de cette union, le 13 mars 1696; mais deux ans après, la duchesse de Richelieu mourut à Paris, le 20 août 1698, et son cœur fut, conformément à sa volonté, inhumé en l'église de Sonzay, le 15 décembre de la même année, ainsi que le constate le registre des sépultures. Ces trois ménages, si étroitement liés l'un à l'autre, habitaient ensemble le château de la Motte-Sonzay, et se recommandaient par la douceur de leurs mœurs. Charles Colbert, en son Rapport au roi sur la généralité de Tours, en 1664, après la mort d'Honorat d'Acigné, parle de cette famille en termes favorables, alors qu'il est si sévère pour tant d'autres. « Le comte de Grandbois, dit-il (alors Honorat-Auguste d'Acigné) et trois frères qu'il a, seigneur de Sonzay, estimé riche de 50,000 livres de rente, y compris le bien qu'il a en Bretagne et en Anjou, sont gens pacifiques qui ne se mêlent de rien : ils ont encore de grands biens en Touraine. » *Qui ne se mêlent de rien* était sans doute un grand éloge sous cette plume qui se montre moins indulgente à l'égard de Racan, « le sieur Racan de la Roche, estimé riche de 30,000 livres de rente; sa maison estimée bonne et ancienne dans le pays, d'où il est originaire, seigneur de Racan, St-Paterne et autres lieux : *Il se mêle d'écrire.* » Le brutal *Commissaire départi* semble ignorer que *le sieur Racan de la Roche* se nomme Honorat de Bueil, dont la famille a été illustrée par de grands services et de hauts emplois; il ignore sans doute aussi que Racan est l'un des membres fondateurs de l'Académie française, l'auteur des *Bergeries*, de la *Retraite*,

et de tant d'autres poésies admirées alors, et qui firent dire à
un poëte de l'époque :

> « En ce temps d'or et de délices,
> Racan dont les charmants accords
> Obtiendroient du prince des morts
> Le retour de mille Eurydices. »

Pour lui, Racan est tout simplement un gentilhomme mal
avisé *qui se mêle d'écrire.* Le Rapport de Charles Colbert se
recommande heureusement par d'autres considérations plus
justes que celle-ci.

Le jeune Honorat de Bueil, dont nous avons raconté la
naissance, mourut en 1652, page de la reine Anne d'Autriche.
Racan laissa échapper sur cette mort une plainte qui est l'un
des morceaux les plus touchants de la poésie de cette époque,
presque toute vouée à l'ironie et aux mauvais penchants :

> Ce fils dont les attraits d'une aimable jeunesse
> Rendoient de mes vieux jours tous les désirs contents,
> Ce fils qui fut l'appui de ma foible vieillesse,
> A vu tomber sans fruit la fleur de son printemps.
>
> Trois mois d'une langueur qui n'eut jamais de cesse
> L'on fait, dans ce tombeau, descendre avant le temps,
> Lorsque sous les couleurs d'une grande princesse,
> Son âge avoit à peine atteint deux fois huit ans.
>
> Tout le siècle jugeoit qu'en sa vertu naissante,
> La tige de Bueil, jadis si florissante,
> Vouloit sur son déclin faire un dernier effort.
>
> Son esprit fut brillant, son âme généreuse,
> Et jamais sa maison illustre et malheureuse
> N'en a reçu d'ennui que celui de sa mort. »

4°. La naissance d'Honorat fut suivie de près de celle de l'une de ses sœurs ; Françoise, née le 20 février 1637, eut pour parrain Jean du Boys, seigneur de Vandenesse, frère de sa mère, et pour marraine Françoise de Montalais, veuve alors de René de Bueil, comte de Sancerre et de Marans, baron de Châteaux et Saint-Christophe, dont le fils Jean VIII de Bueil était placé sous la tutelle de Racan. Jean VIII, qui fut grand échanson de France, épousa Françoise de Montalais, sa parente, et mourut sans postérité en 1665. En lui s'éteignit la branche aînée des comtes de Bueil-Sancerre. Les terres de Vaujour, Châteaux et Saint-Christophe furent vendues après sa mort, et bientôt érigées en duché-pairie, sous le titre de Château-la-Vallière, en faveur de Louise de la Baume-le-Blanc, devenue par là duchesse de la Vallière.

5°. Le dernier enfant de Racan, inconnu de tous les biographes, est encore une fille, nommée Madeleine comme sa mère ; elle naquit le 17 janvier 1639 et fut baptisée le 20 du même mois. Son parrain fut Claude de Bueil, seigneur de Tescourt et de la Ville, premier chambellan de Gaston, duc d'Orléans ; il reçut douze blessures au combat de Castelnaudary et mourut sans alliance en 1644 ; il était le frère de la trop célèbre Jacqueline de Bueil, comtesse de Moret, maîtresse de Henri IV. La marraine fut Françoise Olivier, aïeule maternelle de l'enfant.

La fille aînée de Racan, Françoise, épousa, en 1658, dans la chapelle de la Roche-Racan, Charles de la Rivière, chevalier, seigneur de Bresches, fils de Messire Nicolas de la Rivière, seigneur de Montigny, et de dame Marie de Broc. L'acte est signé des deux époux, et en outre de Racan, de Madeleine du Boys, d'Antoine de Bueil, de Marie de Broc, mère de l'épouse, et de Victor de Broc. C'est la dernière mention que nous ayons trouvée du nom de Madeleine du Boys. Les registres de sépulture étant mal tenus et incomplets, nous n'y avons pas rencontré le décès de l'épouse d'Honorat de Bueil. Quant à celui de Racan lui-même, il nous semble un problème à débrouiller. Tous les biographes disent que notre auteur mourut à la Roche-Racan en 1670.

Nous en avons vainement cherché la mention précise; nous n'avons trouvé qu'une indication imparfaite et même douteuse: « 9 janvier 1670, le bout de l'an de défunt Mʳ de la Roche, une grande messe : payé. »

Si par M. de la Roche en entend Honorat de Bueil, marquis de Racan, ce bout de l'an indique que l'auteur des *Bergeries* est décédé le 9 janvier 1669. Le registre des sépultures est si incomplet que chaque mention occupe à peine deux lignes et n'a pas de signature. Le nombre des sépultures n'est pas proportionné à celui des naissances, il est moindre de moitié; cela tient sans doute à ce que toute sépulture payée comptant n'était pas inscrite; on se bornait à rappeler les honoraires à recouvrer ; aussi le registre de 1669 ne contient-il aucune mention du décès de M. de la Roche, au 9 janvier. La généalogie manuscrite de la famille Dupin de Chenonceau que nous avons eu la chance de feuilleter, après avoir précisé le mariage de Racan au 29 février 1628, dit presque aussitôt après qu'il mourut à la Roche-Racan en 1628, erreur évidente de copiste quant au chiffre 2, mais le chiffre 8 peut avoir sa valeur, au moins pour déplacer l'année 1670 généralement considérée comme celle de la mort de Racan ; et si cette date a pour but d'indiquer l'année 1668, elle ne se trompe que de neuf jours, puisque le décès paraît avoir eu lieu le 9 janvier 1669.

Les documents sur la vie intérieure de Racan, dans sa retraite de la Roche, étant presque nuls, nous avons pensé qu'il ne serait pas sans intérêt de consulter à cet égard les registres de l'état civil de St-Paterne et des communes environnantes; Racan y comparait en nombre d'occasions, aussi bien que sa femme et ses enfants. La population qui les entourait et les vénérait était jalouse de les avoir à toutes ses fêtes; les baptêmes et les mariages les eurent fréquemment pour témoins; leurs signatures sont au bas d'une foule d'actes, soit qu'ils y aient figuré d'une manière active, soit en simple témoignage de leur présence. On remarque particulièrement la part qu'ils prennent à tous les actes de la famille Gabriel, qui, sous leur protection, convertit ses maçons primitifs en architectes renommés. Une famille de Robert possédait et habitait un fief de Berry, dans St-Paterne; elle fut en relations continuelles et intimes avec Racan qui, dès 1623, tint sur les fonts Honorat, fils de Jean de Robert et de Jeanne de Marconville; il assista, en 16.7, au mariage de René de Robert avec Marie de Bacqueville; en 1681, Antoine de Bucil est présent au mariage de René de Robert avec Marie Pelletier.

Nous avons parlé de la fontaine de Gravot et de son ruisseau, qui, après une disparition souterraine d'un kilomètre, reparaît au flanc du coteau; il traverse, non loin de là, un vaste parallélogramme qui lui a été creusé dans les jardins du Breuil. Ces jardins furent créés par Jean Royer, ou Leroyer, conseiller-secrétaire du roi et de ses finances, seigneur du Breuil et de Jallanges. Un immense terrassement en fer-à-cheval est appuyé au pied de la colline et étend ses deux ailes dans la vallée, vers le lit creusé symétriquement au Gravot. Un large bassin, solidement bétonné, élançait par un cippe, placé au centre, un jet-d'eau qui le remplissait incessamment. Une grotte, maçonnée en forme de coquille, faisait face au jet-d'eau au pied du rocher qui supporte le château. Celui-ci, bâti sur une terrasse à mi-côte, comme celui de la Roche, avait son enceinte flanquée de quatre tours; ses deux ailes allaient s'appuyer au gradin supérieur du coteau et enfermaient ainsi la cour d'honneur; une porte crénelée, au-delà des basses-cours, annonçait noblement l'entrée de cette belle demeure. Le moine Martin Marteau, en son *Paradis délicieux de la Touraine*, imprimé en 1661 à Tours, parle en ces termes de St-Paterne, de la Roche-Racan et du Breuil : « Saint-Pater ou Paterne, où autrefois se trouvait un collége signalé, est un beau bourg à cinq ou six lieues de Tours,

dont est seigneur M. de Racan, le favori des Muses, qui a fait
plusieurs poésies et notamment la *Pastorelle;* sorti de la très-
illustre maison de Bueil, et demeure dans un chasteau et lieu
de plaisance situé en la dite paroisse, qui porte le nom de la
Roche. Il y a, sur une agréable prairie, bordée d'un ruisseau
cristallin, encore plusieurs maisons de délice dans l'étendue
d'icelle, entr'autres la superbe maison du Breuil que Mr Leroyer, conseiller et secrétaire de sa Majesté en son conseil,
natif dudit lieu (et homme au reste de grand esprit et bon jugement, qui pour sa singulière prudence a été honoré des rois
et des plus grands de la France), a fait ingénieusement bastir;
ayant laissé après sa mort pour héritiers de ses biens et de ses
vertus M. Leroyer son fils, conseiller en la cour de parlement
de Paris, Mme la procureuse générale de la cour des comptes,
Mme de Ris, première présidente au parlement de Rouen, et
une autre fille mariée à Mr de Chauvry, conseiller en la cour
de parlement de Paris, sans compter une autre qui est reli-
gieuse aux filles de la Visitation. »

Le nom de Royer figure en l'acte de baptême de Racan,
comme l'observe très-bien M. Tenant de la Tour, et la singulière lettre de l'abbé de Boisrobert à Racan, au sujet de la
mort de Mme de Bellegarde, commence par ces mots : « Ayant
appris, depuis trois jours seulement de M. Leroyer, votre
bon ami, la grande perte que vous avez faite et le grand profit
qui vous en est revenu en même temps, j'ai pris aussitôt part
à vos desplaisirs et me suis consolé dans vos joies, etc.

Tallemant des Réaux parle en son style ordinaire de Mme de
Chauvry, née Madeleine Royer, dame du Breuil, selon la
note de l'éditeur, et n'en dit pas trop de mal, ce qui est bien
honorable pour elle. « Un nommé Cotignon, sieur de Chauvry,
dit-il, était conseiller au Parlement. Depuis, il a vendu sa
charge et vit de ses rentes. Il estoit fils du bonhomme Cotignon qui estoit à la reine-mère (et généalogiste de l'ordre). Il
a espousé une jolie personne, petite et brune, mais qui a
l'esprit fort vif. Elle fit la connoissance de Mme de Cour-

celles (1), et le mari qui n'y prenait pas plaisir lui défendit absolument de la voir. Or, il y eut je ne sçay quelle promenade où elle alla en cachette : il le sçut, chassa le cocher et les laquais, et donna, dit-on, le fouet à sa femme. » Puis des Réaux cite un vaudeville fait à cette occasion et dans lequel elle jure de se venger... foi de vaudeville! Son fils, Antoine-Joseph Cotignon, seigneur de Chauvry et du Breuil, fils d'elle et de feu Nicolas Cotignon de Chauvry, premier président en la Cour des Mounoyes, épousa le 5 décembre 1695, à Neuillé-Pont-Pierre, Suzanne-Eléonore de Maillé de la Tour-Landry, fille de Charles de Maillé de la Tour-Landry, marquis de Jalesne et de Marie-Madeleine de Broc. Le mariage est fait en présence de messire Ambroise des Ecotès, seigneur de Chantilly, demeurant au château d'Armilly, dans Neuillé-Pont-Pierre, dont le fils achètera plus tard le château de la Roche-Racan ; d'Elizabeth de Broc, épouse du dit seigneur de Chantilly, tante de l'épouse; de Baltasar Lebreton, marquis de Villandry ; de Louis de Menou, demeurant à la Roche d'Allaure, paroisse de Marray ; de Jean de Savonnières, seigneur de la Chevalerie, etc. De ce mariage naquit Jeanne-Madeleine-Catherine, qui fut baptisée à Saint-Paterne le 3 décembre 1697, et dont nous raconterons plus tard le mariage avec l'un des petits-fils de Racan.

A Neuvy-Roy, dont Racan devint seigneur par la mort de la duchesse de Bellegarde, vivait la famille de Castelnau, qui a fourni un historien célèbre et un maréchal de France. Elle habitait, dans Neuvy, le château de la Mauvissière, dont l'historien portait le nom, et dont il ne reste que l'enceinte fossoyée; et dans Neuillé, elle possédait le Rouvré. Christophe de Cas-

---

(1) Monique Passart, mariée en premières noces à Étienne de Marguenat, sieur de Courcelles, mort le 22 mai 1650, en deuxièmes à François Lecoigneux, sieur de Bachaumont, morte le 21 juillet 1692, est fort maltraitée dans l'historiette que lui consacre des Réaux : elle est pourtant la mère, par son premier mari, de la célèbre moraliste, marquise de Lambert.

Bachaumont est le joyeux compagnon de voyage de Chapelle.

telnau, fils de Pierre, seigneur de la Mauvissière et du Rouvre, fut baptisé à Neuvy, en 1559. Il servit dans les armées et fut pris dans une rencontre. Son fils Urbain fut baptisé en 1584. Contemporain de Racan, il fit avec lui la campagne de 1621, mais il y trouva la mort au siége de Montauban. Il laissait de sa femme, Marie de Sarcé, un fils, Anne, qui mourut à 18 ans, au retour de sa première campagne, et Urbaine, qui épousa Jacques de Ségrais, dans le Maine. Le 8 juin 1589, fut baptisée Anne, fille de Christophe de Castelnau et de Renée de Boisnay; elle fut tenue sur les fonts par son grand oncle, Michel de Castelnau, l'historien, chevalier de l'ordre du Roi, seigneur de la Mauvissière, où il était né, et par Anne de Bueil, épouse d'Honorat de Bueil, gouverneur de St-Malo, père de Mme de Bellegarde.

La terre de la Mauvissière fut vendue en 1655, par Christophe II de Castelnau à Gilles de Rougé, époux de Marguerite de Chapuiset, dont le ménage a subi de singulières transformations. Marguerite de Chapuiset, devenue veuve, en 1664, épousa dès 1665, en la chapelle de la Mauvissière, Léonard de Régnard, écuyer, seigneur des Granges, de la paroisse de Loray, au diocèse du Mans. Celui-ci, devenu veuf à son tour, épousa Françoise de Bideguin, dont il eut un fils, Louis-François, baptisé en 1667, à Neuvy, ayant pour parrain Louis de Perriers, et pour marraine Louise de Bellanger de Vautourneux, femme d'Antoine de Bueil, marquis de Fontaine-Guérin et autres lieux, fils aîné de Racan. Ce ménage fut ainsi perpétué à la façon du couteau de Jeannot, par le renouvellement successif du manche et de la lame.

Dans la paroisse de St-Christophe, dont les sires de Bueil, comtes de Sancerre, étaient barons en même temps que de Châteaux et du noble manoir de Vaujour qu'ils habitaient de préférence, demeurait au château de la Forêt, Pierre de Juglart, d'ancienne famille de Touraine, gentilhomme ordinaire de la Chambre du Roi, marié à Charlotte de Rumet.

L'une de leurs filles, Anne, épousa en 1670, Emeric Lejeune de Malherbe, et une autre, Élisabeth-Marie, épousa, en la chapelle de la Forêt, le 11 juin 1680, Armand de Sazilly. En cette même chapelle de Ste-Catherine de la Forêt, fut célébré, en 1716, le mariage de François-Joseph de Rancher, seigneur de la Bellangerie, gentilhomme de la Chambre, fils de René de Rancher, seigneur de la Ferrière, en Blésois, et de dame Toutant, avec Marie Testu, fille de défunt Claude Testu, chevalier, seigneur de Vaudésir, et de Jeanne Barsé. Cette famille Testu habitait le château de Vaudésir, et l'une de ses branches possédait le château de la Roche, commune de Monts, près Montbazon. A cette famille puissante devait appartenir l'abbé Testu, si souvent cité dans les lettres de Mme de Sévigné.

Le registre de St-Christophe mentionne en 1648, Denys de Rémefort (1), abbé commendataire de la Clarté-Dieu, l'un des amis particuliers de Racan. Les noms de Racan, de sa femme Madeleine du Boys et de ses enfants, se trouvent fréquemment inscrits dans les registres du voisinage. Les occasions n'en sont pas toujours remarquables, mais l'ensemble indique une grande bienveillance de relations.

Malherbe, dans sa dernière lettre à Mme de Termes, avait annoncé que Racan, une fois marié, ne s'occuperait plus de poésie, et Tallemant des Réaux dit qu'il resta vingt ans sans en produire. Ceci est loin d'être exact. Le peu de lettres de Racan que nous possédons prouve qu'il resta en relation avec les littérateurs de son temps, Chapelain, Ménage, Balzac, Conrart. L'Académie ayant été fondée en 1635, il y fut appelé, et il y prononça sa harangue le 9 juillet de la même année : il s'y rendit souvent, et le fauteuil qu'il occupa fut attribué, 24 ans après sa mort, à Jean de la Bruyère. C'est au plus

(1) Le registre contient le nom *Denys* de Remefort, abbé de la Clarté ; le *Gallia Christiana* le nomme *Stephanus* de Remefort. Nous ne chercherons pas à expliquer cette divergence qui peut provenir de causes diverses, mais l'identité du personnage est incontestable.

fort de sa retraite, qu'en 1652 il laissa échapper ces touchantes strophes que nous avons transcrites sur la mort de son fils. Enfin ses psaumes sont un ouvrage de longue haleine qu'il avait commencé avec sa carrière littéraire même, et qu'il continua avec autant de persévérance que d'application dans sa douce solitude. « Je vous confesse, Messieurs, écrit-il dans sa première lettre à l'Académie, que je m'étois si peu satisfait en cet exercice que j'avois résolu de ne plus servir les Muses que par le conseil. Mais M. l'abbé de Raimefort, de qui la clarté de jugement pénètre en toutes les belles sciences, et qui, après avoir passé la plus grande partie dans les tempestes du monde, est venu prendre terre en notre voisinage (1), m'a redonné le courage que j'avois perdu, et m'a fait croire que j'avois assez de force en mon élocution pour soutenir la langueur de ma vieillesse. » Ces psaumes, on le sait, sont une imitation et non une traduction; ce sont, comme il le dit, les psaumes de Racan, et non plus ceux de David. Or, comme une traduction de ce lyrisme surhumain est impossible en nos langues modernes, Racan a sans doute pris le parti le plus sage de rester dans ses propres inspirations et de ne pas se renfermer dans un esclavage presque impossible à ramener à la noblesse. La première publication des psaumes fut faite en 1651, avant que l'œuvre fut achevée; l'édition de 1660 la présenta au complet, dix ans avant la mort de l'auteur. Ses loisirs furent donc justement partagés, pendant sa résidence à la Roche, entre les occupations champêtres, les soins de la famille, les relations du voisinage et les travaux intellectuels. La vie des champs n'étouffa pas l'intelligence de l'élève de Malherbe; la libre allure de ses psaumes atteste partout l'indépendance et l'originalité de son esprit. Nous en citerons pour exemple la première strophe du 35e psaume : *Nolite œmulari :*

(1) Étienne ou Denys de Rémefort, abbé de la Clarté-Dieu, abbaye fondée en 1240, paroisse de St-Paterne; il en fut abbé de 1634 à 1656.

Vous à qui Dieu promet dans son éternité
Une seconde vie en merveilles féconde ,
Ne portez point envie à la prospérité
Qui plonge les méchants dans les plaisirs du monde.
La gloire des mortels n'a rien de permanent ;
Leurs grandeurs , leurs honneurs , passent incontinent ,
Et sont comme les fleurs que la bise resserre.
Le même jour qui voit leur bouton demi-clos
Le voit s'épanouir, faner, tomber à terre ,
Durant que sa clarté retombe dans les flots.

Ces admirables inspirations sont de tous les temps, de celui de David comme du nôtre.

Après la mort de Racan, le château de la Roche échut à Antoine, son fils aîné ; celui-ci, faible représentant de son père et de ses aïeux, ne prit pas le nom qui avait été honoré par son aïeul sur les pas d'Henri IV, et illustré par la gloire littéraire de son père ; il s'appela le marquis de Fontaine-Guérin, surnom de la branche cadette de Bueil, mais aînée de la sienne, que la mort de la duchesse de Bellegarde avait laissé vacant. Ses habitudes paraissent avoir été pacifiques, et il vivait en bons termes avec ses voisins ; mais sans doute il était un homme de peu de moyens, car Tallemant des Réaux, qui ne ménage pas les termes , l'appelle, en son dialecte, « un sot. » Il se maria, du vivant de son père, avec Louise de Bellanger, fille de Gilles de Bellanger, seigneur de Vautourneux, château aujourd'hui démoli, dans la commune des Hermites (1). Louise de Bellanger figure comme enfant.

(1) Aux archives d'Indre-et-Loire se trouve le contrat de mariage de Gilles de Bellanger avec Jacquine de Rougé ; il mérite d'être mentionné, tant pour l'histoire locale que pour le détail des mœurs :

5 février 1617 : mariage de Gilles de Bellanger, écuyer, seigneur baron de Vautourneux, fils de François de Bellanger et de Françoise du Bellay ; le dit baron, fils, à la suite de M. le comte du Lude, étant au lieu et châtel de Champchevrier, paroisse de Cléré, d'une part ; et de damoiselle Jacquine de Rougé, fille aînée de haut et puissant seigneur Messire René de Rougé,

sur les registres de Monthodon en 1640, et comme n'étant
pas encore mariée sur ceux de Neuvy en 1659; mais, en 1667,
elle est inscrite sur ces derniers, à propos d'un baptême,
comme épouse de Antoine, sire de Bueil, chevalier, seigneur
marquis de Fontaine-Guérin. Le 4 juin 1681, Antoine est
qualifié, à St-Paterne, seigneur de Fontaine-Guérin, de la
Roche-Racan, Marau, le Boys et autres lieux.

Son frère cadet, Louis, dit le chevalier de Bueil, mourut
sans alliance; on trouve son nom à St-Paterne en 1656 : il est
en cet acte parrain, avec sa mère, de Madeleine Gabriel; il
signe deux actes en 1677, et c'est la dernière mention que
nous ayons recueillie de lui : il était alors âgé de quarante-
quatre ans.

Nous connaissons la fin d'Honorat, immortalisée par les
stances que lui consacra la douleur paternelle. Françoise
épousa, comme nous l'avons dit, Charles de la Rivière; quan
à Madeleine, la dernière, nous ne connaissons d'elle que son
baptême; il est vraisemblable qu'elle ne vécut pas longtemps.

Mais si cette génération passa pour ainsi dire inaperçue et
sans rien ajouter à la gloire de la famille de Bueil, il n'en fut
pas ainsi des deux fils d'Antoine et de Louise de Bellanger.
Le père Anselme qui les cite et qui termine par eux sa généalogie de Bueil, dit que Honorat, l'aîné (bien que qualifié
second fils d'Antoine dans un baptême de St-Paterne, le

---

chevalier demeurant au chastel de Lorière, commune de Dissé, et de défunte
dame Marguerite de la Loue, étant à la suite de Madame la comtesse du Lude,
(1) aussi de présent au dit chastel de Champchevrier. Lesquels et de l'avis de
monseigneur le comte du Lude, et André de Contades, escuyer de la petite
escuyrie du roi, et de l'autorité et consentement du sieur de Vautourneux, son
père, et de Jean Lehoucher, escuyer, seigneur de l'Ermitage-Martigny, au nom
et comme procureur spécial de la dite dame Françoise du Bellay, mère du
dit Gilles de Vautourneux (Dossier des Écotais, E, 51).

(1) François de Daillon, comte du Lude, marquis d'Illiers, seigneur de Pontgibaud,
de Briançon et de Champchevrier, sénéchal d'Anjou, servit sous les rois Henri III, Henri IV
et Louis XIII, fut fait gouverneur de Gaston, duc d'Orléans : il épousa Françoise de
Schomberg, fille de Gaspard, comte de Nanteuil (père du maréchal Henri de Schomberg),
et de Jeanne Chateigner de la Rocheposay.

9 avril 1678), marquis de Bueil, colonel d'infanterie (1), puis
fait brigadier des armées, le 10 février 1704, fut tué à la
bataille de Malplaquet, livrée en 1709, sans avoir été marié ;
que son frère, Pierre, colonel d'infanterie, lui succéda.

Les registres de Saint-Paterne témoignent de l'avancement
de celui-ci depuis le document fourni par Anselme. « 1716,
mariage de messire Antoine-Pierre de Bueil, chevalier, seigneur
de la Roche, du Plessis-Barbe et autres lieux, maréchal des
camps et armées du Roi, d'une part, et de Jeanne-Madeleine
de Cotignon, fille de haut et puissant messire Joseph-Antoine
de Cotignon, chevalier, seigneur de Chauvry, le Breuil et
autres lieux, et de haute et puissante dame Suzanne-Éléonore
de Maillé de la Tour-Landry, d'autre part, en présence de
hauts et puissants seigneurs, messire Claude-Rolland, comte
de Laval-Montmorency, messire Séraphin des Écotais,
chevalier, seigneur de Chantilly, messire Michel, comte de
Broc, Jean-Baptiste Coicaud, chevalier, seigneur de Chérigny,
marquis du Châtelet, Henri-François de Savonnières, Jean
de Savonnières, capitaine de cavalerie. » Dans un baptême
du 3 mars 1726, où le parrain est Henri-Pierre-Joseph de
Vanssay, seigneur de Courcillon, la marraine est Jeanne-
Madeleine-Catherine de Cotignon, épouse de haut et puissant
Antoine-Pierre, seigneur de Bueil, lieutenant-général des
armées du roi. Deux actes des archives départementales, l'un
de 1721, l'autre du 23 avril 1730, mentionnent encore
Antoine-Pierre de Bueil, lieutenant-général des armées,
seigneur de la Roche, le Plessis-Barbe, le Breuil, Chauvry,
demeurant ordinairement au château de la Roche. Mais,
plus tard, le même Antoine-Pierre, devenu veuf, sans
enfants et fort âgé, vendit la terre de la Roche, le Plessis-

(1) On trouve aux archives d'Indre-et-Loire une transaction consentie
le 30 septembre 1698 par Honorat, sire de Bueil, marquis de Bueil, colonel d'un
régiment d'infanterie entretenu pour le service du roi, demeurant ordinairement
en son château de la Roche-Racan, en Touraine, étant de présent à Paris, tant
en son nom que comme chargé de la procuration de Pierre-Antoine de Bueil,
son frère, capitaine au régiment de la reine (E. 52).

Barbe, Thoriau et quelques autres domaines, par acte de Gervaise, notaire à Tours, le 2 novembre 1745, à Michel Rolland des Écotais, seigneur de Chantilly et Armilly, pour la somme de cent mille livres, dont trente mille payées comptant, et soixante - dix mille réservées entre les mains de l'acquéreur, pour représenter une rente viagère de douze mille trois cents livres que celui-ci s'engagea à payer. Le décès du marquis de Bueil suivit de près cette vente, car il arriva en 1748 (1). Ainsi s'éteignit la postérité du poëte Racan, et ainsi disparut de la Touraine la famille de Bueil, l'une des plus considérables et des plus illustres de la province. Déjà la branche aînée, celle des comtes de Sancerre et de Marans, seigneurs de Vaujour, Châteaux et Saint-Christophe, avait fini en 1665 avec Jean VIII de Bueil, grand échanson, mort sans laisser de postérité de son épouse Françoise de Montalais ; cette branche avait légué à la famille bretonne de Perrien, son alliée, le droit de porter le nom et les armes de Bueil. Cette famille illustre est-elle éteinte ? On nous a affirmé que le nom de Bueil est encore porté en Champagne par une famille honorable qui dit se rattacher à celle de Touraine.

La famille des Ecotès ou Ecotez, suivant l'orthographe usitée par elle avant l'acquisition de la Roche-Racan, venait de la paroisse de Neuillé-Pont-Pierre, où elle habitait le château d'Armilly, que nous avons vu possédé précédemment par un ami de Racan, René de Rochefort, son arbitre dans l'acte de partage de la succession de Mme de Bellegarde. Cette famille résidait sur le territoire de Neuillé avant même d'acquérir Armilly que les registres de Neuillé leur attribuent pour la première fois en 1687 ; elle prenait dès lors le titre de seigneur de Chantilly, nom d'un fief dans la commune de Courcelles, près de Château-la-Vallière.

(1) La mention de cette vente et du décès du marquis de Bueil se trouve dans une consultation d'avocat aux archives départementales ; dossier des Écotais, E. 51.

La famille des Ecotez, devenue puissante par suite d'une acquisition dont le sort avait acquitté une bonne partie par la prompte mort du marquis de Bueil, fit ériger un comté de ses principaux domaines. Les lettres-patentes sont de 1754; nous n'avons pu en retrouver le texte même, mais elles sont relatées dans une note au dossier des Ecotais, des archives départementales, en date de 1771. Suivant cette note, le comté des Ecotais se composait :

1° De la terre et seigneurie de la Roche-Racan, chef-lieu du comté, consistant dans un château, cour, avant-cour, terrasse, orangerie, parc de quatre-vingt-dix arpents qui forme de belles promenades en taillis que l'on coupe tous les ans (cela veut dire sans doute que chaque année on en coupait une vente), des jardins entourés d'une petite rivière où il y a droit de pêche, des vergers et fruitiers; plus, attenant ledit château, sur la hauteur, un domaine hors le parc de cinquante-cinq arpents de terres labourables, produisant, année commune, 1,200 boisseaux de grains, en froment, orge et avoine, d'une valeur de   1,550 l.

Au pied du château, 15 arpents de pré, à 90 livres l'arpent	1,350
Moulin banal au bourg de Saint-Paterne. . .	400
Métairie de la Ridellière, et 50 boisseaux d'avoine.	200
Métairie de la forêt.	450
Deux cents boisseaux d'avoine à 15 sous. . .	150
	4,100
2° Terre et seigneurie d'Armilly, dans Neuillé-Pont-Pierre.	12,125
3° Le Plessis-Barbe, paroisse de Bueil, affermé.	2,200
4° Terre et seigneurie de Thoriau, dans Neuillé.	1,500
5° Terre et seigneurie de Chantilly, dans Courcelles, château, cour, jardins, vergers et autres dépendances.	8,696
	24,521

Plus 50,000 livres de bois futaie sur lesdites terres, dont la majeure partie sur Armilly.

Le comté des Ecotais, érigé en 1754, comprenait ainsi cinq domaines dont le château de la Roche-Racan était le chef-lieu. On s'efforçait de donner à ce château le nom des Ecotais, mais le peuple continuait à l'appeler la Roche, et grâce à sa persévérance, fort étrangère à toute considération académique, le nom du berceau de Racan n'a pas été effacé.

Les nouveaux titulaires du comté avaient modifié l'orthographe de leur nom peu de temps avant l'acquisition ; ils signaient *des Ecotais* au lieu de *des Ecotès ;* leur nom est resté au ruisseau de la vallée qui, apparemment, avait été jusque-là anonyme. Dans les actes authentiques, le chef de la famille prenait surtout le titre de comte des Ecotais ; mais les notes du dossier qui est aux archives indiquent que, dans la vie familière, le nom de comte dè Chantilly lui était plus souvent attribué. Cette famille n'a pas laissé de souvenirs historiques. Cependant quelques actes prouvent qu'elle tenait un rang élevé. C'est ainsi qu'un acte de St-Paterne nous la fait connaître à propos de la bénédiction d'une cloche, le 17 juin 1766. Cette cloche est nommée Geneviève par Pierre-Louis-Joseph des Ecotais de Chantilly, chevalier profès de l'ordre de Saint-Jean de Jérusalem, commandeur de Ballan, maréchal des camps et armées du roi, et par haute et puissante dame Anne-Geneviève Pineau de Viennay, épouse de Michel Rolland, comte des Ecotais, de Chantilly, seigneur des Ecotais, Chantilly, Armilly, les grands et petits Thoriaux, le Plessis-Barbe, la Grande-Gitonnière, le Coudray-Macouard et ville du même nom (près Saumur), seigneur fondateur de cette église, en présence de Geneviève-Angélique des Ecotais, damoiselle, du seigneur comte des Ecotais, époux de ladite dame de Chantilly.

Les archives d'Indre-et-Loire contiennent la copie par extrait d'un contrat de mariage, reçu devant les notaires du Châtelet de Paris, le 25 juin 1771, entre Louis-Jacques Rolland,

comte des Ecotais, de Chantilly, mestre de camp de cavalerie
au régiment d'hussards d'Esterhazi, fils mineur (ce qui s'accorde peu avec le haut grade précité), et demoiselle Louise-
Françoise de Plas, fille mineure. La comtesse de Chantilly
constitue en dot à son fils douze mille livres de rente, consistant dans les réserves d'Armilly et du Plessis-Barbe, membres
du comté des Ecotais.

Il est rappelé au contrat que ses deux filles, la comtesse de
Chavagnac avait été dotée de 77,000 livres, et Mme du Luard,
de 60,000. M. de Chantilly figure dans l'acte, mais passive-
ment ; il n'avait apparemment pas la disposition de ses biens.
— 8 juin 1784, bénédiction de la grosse closse à St-Paterne,
nommée Marie-Louise, par très-vénérable et illustrissime
Louis-Joseph, bailly des Ecotais, de Chantilly, chevalier
profès de l'ordre de Malté, lieutenant-général des armées,
gouverneur de l'Ile-de-Rhé, et haute et puissante dame
Madeleine-Marie-Louise-Françoise de Plos (ou Plas), comtesse
des Ecotais, dame pour accompagner Mme Adelaïde de France,
tante du roi.

La famille des Écotais émigra en 1791 ; ses biens furent
saisis et vendus révolutionnairement au sieur René, devenu
adjudicataire du château de la Roche; on vendit presque toutes
les terres en détail. René céda, en 1818, le château avec les
terres et les bois qui restaient, au sieur Mabille; une fabrique
de poterie fut alors établie dans le château; les cours, les
écuries et jusqu'aux cuisines furent envahies par les tours
à potier et par les ustensiles accessoires de cette industrie.

Au sieur Mabille, qui avait encore fait diverses aliénations
partielles, succéda, en 1826, un sieur Bardon l'Héraudière.
Après celui-ci, le comte de Chalot vint avec la comtesse
son épouse, veuve du célèbre tragédien Talma, prendre
possession du château du chantre des *Bergeries;* mais il le
rétrocéda presque aussitôt. Ce qui restait en 1830 de la propriété et le château en fort mauvais état, furent acquis par
un ancien instituteur, M. Bodin, originaire de St-Paterne;

ayant été frappé en 1832 par le choléra qui lui paralysa les quatre membres, il se retira à la Roche, et malgré la cruelle infirmité qui sévissait contre lui, il se livra courageusement à des études littéraires en même temps qu'il continuait l'exploitation de la fabrique de poterie, devenue assez renommée dans le pays.

Enfin, en 1845, cent ans après que le domaine de la Roche fut sorti de la famille de Bueil, M. Bodin vendit le château, quelques terres encore attenantes, et une ferme de son propre patrimoine à M. Huet, avocat à Paris.

Le château, tout délabré après tant de vicissitudes, a, par les soins de M. Huet, reconquis sa dignité première : le parc, les jardins, les cours, les écuries ont été rétablis comme ils durent être à leur origine; un vestibule a été construit pour suppléer à la démolition de l'aile en galerie et portique qui fermait la cour et reliait le château au pavillon de la chapelle; il offre une entrée plus modeste, mais plus commode que l'ancien péristyle. En haut de la façade occidentale, deux grandes figures de chimères sculptées, appliquées en relief sur le mur, gardaient entre elles jadis l'écu de Bueil (d'azur au croissant montant d'argent accompagné de six croix recroisetées, au pied fiché d'or), qui sans doute avait fait place à l'écusson des Écotais, en attendant que la Révolution vînt à son tour effacer celui-ci. Les armes de Racan ont été rétablies et heureusement agencées avec le cadran d'une horloge dans l'espace réservé entre les deux chimères; le casque à cimier qui couronnait le tout n'avait pas été détruit en raison sans doute de son élévation qui ne permettait pas de l'atteindre; il a été restauré en même temps que les rondes-bosses des deux animaux fabuleux ; mais, au milieu de ces restaurations si consciencieuses du xviie siècle, le xixe ne pouvait manquer de marquer son arrivée : il a tracé au fond de la vallée de l'Écotais, et à cent mètres de la façade, le chemin de fer de Tours au Mans. Entre le chemin de fer et le château, le ruisseau roule ses eaux cristallines, selon l'expression du carme Martin Marteau. Un bélier hydraulique, invention dont l'idée première appartient à Montgolfier, y puise les eaux nécessaires à l'alimentation du château et à l'arrosage des jardins; il les lance à 40 mètres de hauteur sur la plate-forme du parc d'où elles reviennent dans l'habitation et les servitudes; elles se répandent en cascades, en jets d'eau et en rivières pour étendre dans la propriété la fraicheur et la fécondité. La truite, autrefois signalée par Martin Marteau, avait depuis longtemps disparu de l'Écotais; elle y est ramenée maintenant grâce aux ingénieux procédés de la pisciculture, et elle se trouve en compagnie du saumon, qui, avant l'art de M. Coste, n'avait sans doute jamais fréquenté les minces affluents du Loir.

Enfin, après de longs jours de deuil, la demeure bâtie par Honorat de Bueil semble avoir retrouvé sa splendeur première; elle ne fut pas plus aimée et plus choyée par son fondateur échappé aux splendeurs de la cour, qu'elle ne l'est aujourd'hui par M. Huet se reposant d'une longue et honorable carrière. Racan y cultivait la mémoire de son père et le souvenir de ses jeunes années; le propriétaire actuel y honore la mémoire de Racan, que foula aux pieds la famille des Écotais, quand elle voulut, pour y substituer le sien, effacer le nom acquis à cette terre par le séjour d'un poëte illustre. Les grands hommes du temps passé sont toujours les ancêtres légitimes de celui qui sait honorer leur mémoire.

Grâces soient donc rendues à M. Huet, par qui le château de la Roche-Racan a été restauré avec le zèle et le respect dûs à son fondateur! le culte de Racan y est remis en honneur, et il semble que l'auteur des *Bergeries*, momentanément absent de sa demeure, y soit attendu en des appartements toujours prêts à le recevoir.

Tours. — Imprimerie Ladevèze.

Note sur la famille Du Bois.

Cette famille a sa généalogie dans l'Hermité Souchet. Il existe, en outre, à la bibliothèque de Tours un beau manuscrit sur parchemin-vélin, des poésies de Jean Meschinot, auteur des Lunettes des Princes, sur les marges du quel se trouve consigné l'état civil de la famille Du Bois. Antoine, aïeul de Madeleine, y a inscrit ses 15 enfants. Puis, son fils Pierre nous apprend qu'Antoine, devenu veuf, se fit prêtre oratorien, qu'il mourut à l'oratoire de Paris le 29 août 1627 âgé de 85 ans. Pierre épousa à Paris en l'église de St Germain l'auxerrois François Olivier de Leuville, dont il eut douze enfants, nés à Paris, à Fontaine et au Plessis-Barbe. Madeleine (la 6e) naquit à Fontaine, commune de Rouziers le 22 juillet 1612 et épousa Racan, au même lieu le 2 mars 1628. Elle était par conséquent âgée de 15 ans et demi et Racan en avait 39.

Ch. de Sourdeval